从理念到实践：新时代高校课程思政路径探究

黄卫华　著

北京工业大学出版社

图书在版编目（CIP）数据

从理念到实践 ：新时代高校课程思政路径探究 / 黄卫华著 . — 北京 ：北京工业大学出版社，2021.7
ISBN 978-7-5639-8055-0

Ⅰ . ①从… Ⅱ . ①黄… Ⅲ . ①高等学校－思想政治教育－研究－中国 Ⅳ . ① G641

中国版本图书馆 CIP 数据核字（2021）第 132713 号

从理念到实践：新时代高校课程思政路径探究

CONG LINIAN DAO SHIJIAN：XINSHIDAI GAOXIAO KECHENGSIZHENG LUJING TANJIU

著　　者：黄卫华
责任编辑：郭志霄
封面设计：知更壹点
出版发行：北京工业大学出版社
（北京市朝阳区平乐园 100 号　邮编：100124）
010-67391722（传真）　bgdcbs@sina.com
经销单位：全国各地新华书店
承印单位：天津和萱印刷有限公司
开　　本：710 毫米 ×1000 毫米　1/16
印　　张：10.5
字　　数：210 千字
版　　次：2023 年 5 月第 1 版
印　　次：2023 年 5 月第 1 次印刷
标准书号：ISBN 978-7-5639-8055-0
定　　价：68.00 元

前　言

当前，我国课程思政迅猛发展，同时也对高校阶段的课程思政提出了更高的要求。如何以系统化、现代化的视角对高校课程思政进行研究，如何对高校课程思政体系的实施策略进行创新化解读，已经成为学术界重点关注的问题。对此，本书紧紧围绕“从理念到实践：新时代高校课程思政路径探究”这一主题展开论述，依次对课程思政、课程思政教育理念的价值与践行、高校课程思政建设的问题与对策、高校课程思政与思政课程的协同模式、高校专业课与课程思政建设、高校课程思政的综合实施与推进等方面做出全面解读。本书反映了高校课程思政发展的新态势，突出了高校课程思政演变的新特征，具有前瞻意义。同时本书视角独特、观点新颖、论述翔实，可作为相关参考用书。

本书第一章为课程思政概述，分别介绍了课程思政的内涵、课程思政的发展阶段以及课程思政的特征与构建策略三个方面的内容；第二章为课程思政教育理念的价值与践行，主要介绍了课程思政教育理念的价值、课程思政的相关概念和践行课程思政理念的难点三个方面的内容；第三章为高校课程思政建设的问题与对策，介绍了高校课程思政建设存在的问题和加强高校课程思政建设的对策两个方面的内容；第四章为高校课程思政与思政课程的协同模式，介绍了高校课程思政与思政课程的协同模式的理论诠释、高校课程思政与思政课程的协同模式构建的有益探索和高校课程思政与思政课程的协同模式构建的现实困境与路径三个方面的内容；第五章为高校专业课与课程思政建设，主要介绍了高校专业课课程思政的内涵和育人资源、高校专业课课程思政的实践两个方面的内容；第六章为高校课程思政的综合实施与推进，主要介绍了强化组织领导与把握工作原则、优化教学实施与建设教师队伍、明确育人目标与思考建设规律和打造“三位一体”课程体系四个方面的内容。

笔者在撰写本书的过程中，得到了许多专家学者的帮助和指导，参考了大量的学术文献，在此表示真诚的感谢。本书内容系统全面，论述条理清晰、深入浅出，但由于笔者水平有限，书中难免会有不足之处，希望广大读者及时指正。

目　录

第一章　课程思政概述

本章的主要内容是课程思政概述，我们主要从课程思政的内涵、课程思政的发展阶段、课程思政的特征与构建策略三个方面对此进行探究，期待能够加深大家对课程思政的理解。

第一节　课程思政的内涵

一、课程思政的源起

纵观我国历史发展，党和国家历来对大学生的思想政治工作都非常重视，而在高校思想政治理论课（以下简称“思政课”）中对他们进行相关思想政治教育始终是最重要、最关键的环节。从新中国成立到改革开放，再到进入21世纪，相关部门多次发布文件对大学生的思想政治教育工作做出重要指示。进入21世纪，随着拜金主义、实用主义、工具主义等西方社会思潮涌入我国，我国的社会环境在方方面面发生了很大变化，对我国大学生的思想观念、思维方式、价值观念等产生了恶劣影响。进入21世纪以来，中共中央、国务院和教育部门印发了若干文件，这些文件都强调了对大学生进行思想政治教育的重要性。从2004年《中共中央国务院关于进一步加强和改进大学生思想政治教育的意见》，到2015年中共中央、国务院发布的《关于进一步加强和改进新形势下高校宣传思想工作的意见》，再到2017年中共中央、国务院发布的《关于加强和改进新形势下高校思想政治工作的意见》等，这些中央发布的文件都体现了对大学生思想政治工作的重视。进入新时代，党中央召开了一系列座谈会，习近平总书记发表了一系列讲话，都强调加强大学生思想政治教育。可以说，在高校发展的历程中，党和国家对大学生思想政治教育的关注度有增无减。

自2004年以来，上海市开启了由中小学到大学相关德育课程的相关改革探索。自2014年起，上海逐步探索从思想政治理论课程到“课程思政”的转变，并推出了“中国系列”课程。上海思想政治理论界对“中国系列”进行总结，并于2016年11月19日召开的“从思政课程到课程思政——高校思想政治理论教育课程体系创新”研讨会上提出“课程思政”新型教学理念。2016年12月9日，习近平强调：“要用好课堂教学这个主渠道，思想政治理论课要坚持在改进中加强……其他各门课都要守好一段渠、种好责任田，使各类课程与思想政治理论课同向同行，形成协同效应。”这在一定程度上表明了党中央对“课程思政”教学理念的认可，对于全国各大高校在以后加强对大学生思想政治教育、开展思想政治教育工作提出了新要求，具有极其重要的指导意义。2017年12月，中共教育部党组印发《高校思想政治工作质量提升工程实施纲要》，明确提出“课程思政”教学理念，随后全国各大高校纷纷推进“课程思政”的建设。

对于“课程思政”的提出，虽然高德毅等学者进行了比较准确的表述，但是大部分专家、学者仍然认为“课程思政”这一教学理念是在2016年全国高校思想政治工作会议上由习近平提出的。只有对“课程思政”的源起有正确的认识，才能进一步对其进行研究。

二、课程思政的含义

“课程思政”是近两年来新兴的研究热点，不同学者对其进行了方方面面的研究，对其内涵也进行了不尽相同的界定。从目前收集到的资料来看，根据“课程思政”适用的课程内容不同而对其内涵的界定分成了两大类。其中一部分专家、学者（如高德毅、邱伟光等人）认为“课程思政”教学理念适用于高校开设的所有课程（思政必修课、专业课、大类平台选修课或通识选修课、实践课等）。另一部分专家、学者（邱仁富、赵继伟等人）认为“课程思政”教学理念只适用于高校的专业课、通识选修课、实践课等，并要求其协助思政课发挥育人作用，以便保证它们与思政课同向同行。从“课程思政”适用的课程是否包含思政课而将“课程思政”的定义分成了两类，但总体来说学者的界定大同小异。学者普遍认为“课程思政”是一种新的、综合的课程理念，课程中将知识传授和价值引领有机统一。对“课程思政”概念的界定，笔者认为其重点在于我们要区分高校思政课是否属于“课程思政”中的课程范围，不能混用。通过阅读的文献来看，部分学者对此概念进行了混用，以至于出现了层次不清、逻辑混乱的情况。只有对“课程思政”的内涵阐释清楚，才可以对其进行下一步的深入研究。

要想清楚准确地阐述“课程思政”的内涵，我们需要将其与“思政课程”

进行对比和区分，并找到二者的不同点。“课程思政”与思政课程不是表面上简单的词语位置变动，二者的内涵各不相同。“思政课程”是2005年之后出现的概念，指的是高校给本科生开设的5门思政必修课，即大学生在校期间必修的“思想道德修养与法律基础”“中国近代史纲要”“马克思主义基本原理概论”“毛泽东思想和中国特色社会主义理论体系概论”，以及不同高校在不同学期给大学生开设的《形势与政策》（以下简称“形策”）课程。相对于思政课程来说，“课程思政”又有复杂的内涵，它是一个高度概括、凝练的抽象词汇，由“课程”和“思政”二词组成，但这不是简单的“1+1”，而是两个词的有机结合。“课程思政”从构词角度来说，其着重点在于词后半部分的“思政”，词语前半部分的“课程”是对后半部分的“思政”的修饰，我们来具体分析一下什么是“课程思政”。

首先，我们要具体分析、了解一下“课程”和“思政”的不同内涵。一方面，“课程”这二字在我国古代就出现了，宋代的朱熹曾在文章中表述过“宽着期限，紧着课程”“小立课程，大作功夫”。当然朱熹在文章里表述的“课程”和我们现在所说的“课程”是不一样的，朱熹所讲的“课程”仅仅指学生的作业及完成进度。英语中的课程为“curriculum”，也有“跑道”的意思，和我国朱熹所讲的“课程”的含义相类似。以现代课程理论流派为依据，可将课程分为学生中心课程、社会改造课程和学科结构课程。不同时期的学者对课程所下的定义各不相同，有的指教学实践活动，有的指学习经验或结果，有的指社会文化的再生产等。从课程种类上划分，课程包括高校开设的必修课、选修课、实践课等一系列课程；从课程性质上划分，课程包括显性的课程和隐性的课程；从课程形式上划分，课程包括在课堂上进行的理论课和在课堂外进行的实践课。本书中所论述的“课程思政”里面的“课程”可以理解为各方面的教学主体对选定的课程教材、不同课程的教学内容等积极能动地开展教学实践活动的过程，即指高校的任意一门课所开展的一系列教学实践过程。另一方面，“思政”是一个简写词组，可以指简写的“思想政治”，也可以指简写的“思想政治教育”。“思政工作”（思想政治工作）、“思政理论”（思想政治理论）中的“思政”就是简写的“思想政治”；“思政专业”（思想政治教育专业）、“思政活动”（思想政治教育活动）中的“思政”就是简写的“思想政治教育”。基于习近平在全国高校思想政治工作会议上的讲话：“使各类课程与思想政治理论课同向同行，形成协同效应。”我们暂时可将“课程思政”中的“思政”理解为浓缩的“思想政治”，即指对高校大学生进行思想政治教育活动的实践过程。思想政治教育是受政治制约的思想教育和侧重于思想理论方面的政治教育，从外延上看，思想政治教育包括思想教育、道德教育、政治教育等。

其次，我们把“课程”和“思政”组合起来，再综合分析一下什么是“课程思政”。根据以上分析，“课程思政”的含义理应为借助高校所开设的思政课、专业课、综合素养课等一系列课程来开展思想政治教育实践活动，或挖掘高校开设的所有课程所蕴含的思政元素对大学生进行思想政治教育工作。但是进一步分析，我们发现这样定义略显不妥，课程真的指高校开设的所有课程吗？学者最大的分歧无非也在这里。在高校中，进行各门课程教学的课堂是教育大学生的主渠道，“思政课程”是对大学生进行思想政治教育的关键渠道。对大学生进行思想政治教育的主要方式是思政课教师在课堂上对大学生进行的教育，而思政课堂是培养坚定共产主义者和具有坚定理想信念的社会主义合格接班人的主战场。在为中华民族伟大复兴培养德智体美劳全面发展的时代担当者的过程中，思政课发挥着无可替代的作用。历代党中央领导集体都非常重视对大学生进行的思想政治教育，但是在现实中却是多年来思政课因各种原因单打独斗而没有整合各课程的育人资源，没有形成育人合力，影响了对大学生育人效果的发挥。可以说“课程思政”的提出及推行适应了时代的发展，不仅是原有教育学中提倡的学科德育的延续，还是高校思政课改革的成果。“课程思政”理念的提出在一定程度上可以解决这一现实问题，“课程思政”赋予思政课程的外围课程“思政”意味，这是一个定性过程，是思政课程的延伸，强调的是挖掘专业课和综合素养课等其他课程的思想政治教育因素，侧重点在于思政课的外围拓展课程。因此，“课程思政”教学理念的提出不仅是思想政治教育理论的创新，还是对社会需求的真切回应。可将“课程思政”的含义简单地理解为借助高校所开设专业课、综合素养课等一系列课程来开展思想政治教育实践活动。这也贯彻、落实了习近平的讲话精神，高校各类课程（包括我们所说的专业课、综合素养课、实践课等）与思政课同向同行、协同发挥作用。这在一定程度上反对了其他学者认为“课程思政”包含思政课程的“包含论”或“课程思政”可以替代思政课程的“替换论”等不符合实际的观点。另外，我们需要商榷的是“课程思政”是不是像大部分学者所说的是一种理念创新，笔者认为这是以前学科德育理念的延续，是“大思政”教学理念（在“课程思政”的视角下，大思政就是在思想政治教育目标准确定位和功能明确的前提下，充分挖掘各个课程的思政资源，优化教育环境，拓宽教育渠道，发挥所有教育主体的协同作用，并将理论与实践、教师与教材配备、教学目标与教学内容高度集成与融合的思政教学观和隐性的思想政治教育）的具体发展与呈现。

基于以上分析，笔者认为“课程思政”就是“大思政”教学理念和“隐性的思想政治教育”教学理念的进一步发展与具体呈现，借助高校所开设的专业课、综合素养课等一系列非思政课程来开展思想政治教育实践，高校各学科任课教师采取多种方式、方法来挖掘本课程中的思政元素，并积极地开展对大学生的思想政治教育。简而言之，这就是高校的所有课程都要发挥思想政治教育作用。用好课堂教学主渠道，充分理解课程思政的丰富内涵，深刻把握课程思政的价值意蕴，系统规划课程思政的生成路径，对于高校坚持社会主义办学方向，培养德才兼备、全面发展的人才具有重要的实践意义。

（一）课程思政的基本概念

课程思政其实质不是增开一门课，也不是增设一项活动，而是将高校思想政治教育融入课程教学和改革的各环节、各方面，实现“立德树人”的“润物无声”的目标。围绕“知识传授与价值引领相结合”的课程目标，强化显性思政，细化隐性思政，构建全课程育人格局。具体来说，是将高校所有课程划分为思想政治教育显性课程和隐性课程。显性课程即高校思想政治理论课（四门必修课＋形势政策课），是对大学生进行社会主义核心价值观教育中的核心课程，在大学生思想政治教育中发挥价值引领作用；隐性课程包含综合素养课程（通识教育课、公共基础课等）和专业课（包含哲学社会科学课程和自然科学课程）。前者在思想政治教育中发挥浸润作用，注重在培育人的综合素养过程中根植理想信念；后者发挥深化和拓展作用，在知识传授中强调主流价值引领。通过推动思想政治理论课显性育人与其他所有课程隐性育人相结合，使思想政治理论教育与专业教育协调同步、相得益彰，真正实现在课堂教学主渠道中全员、全程、全方位立体化育人。闵辉《课程思政与高校哲学社会科学育人功能》一文中认为，课程思政的提出旨在实现学生德智体美劳全面发展，其背景是各类课程之间的协同效果不好、思想政治课与其他学科课程相互割裂，虽然“大德育”的观点早有提出，但全方位、全过程育人机制与平台的建设需要更进一步的教育资源整合，推动其他学科、课程授课教师参与到思想政治教育之中，通过发挥不同课程的育人功能，营造出同心协力的思想政治教育氛围。课程思政的特点在于思想政治理论课与其他课程整体化、思想政治教育的概念外延化、思想政治教育突破传统单向灌输方式，实现现代化。赵继伟在《“课程思政”：涵义、理念、问题与对策》一文中对课程思政的内涵进行了进一步的考虑，其认为“思想政治教育”这一社会实践活动包括思想政治理论教育和思想政治实践教育，其中前者为主渠道，以课堂教学为主要形式，后者以实践教学为主要形式，他将课程思政的概念进一步理解为，依托、借助于专业课、通识课而进行的思想政治教育实践活动，或者是将思想政治教育融入专业课、通识课的教育实践活动。

（二）课程思政的育人体系

相较于以往以思想政治理论课为主的“点”“线”式课程体系，课程思政理念背景下的高校思想政治教育课程体系特点和价值在于：课程思政是一种整体性的课程观，有助于突破思政教育过于集中在思想政治理论课上的瓶颈，缓解思政课程“孤岛效应”的现实困境。课程思政以育人为核心目标，贯通不同学科和课程的功能，使各学科课程都能真正参与高校育人工作，体现育人价值。

课程思政有助于高校思想政治教育内涵和外延的丰富与拓展，极大地拓展了思政教育的内涵体系，使高校思想政治教育不再只局限于思想政治理论课，而是拓展至所有课程；其内容也不仅局限于马克思主义理论和相关学说，而是转化为以马克思主义理论为主，包含文、史、哲、美学、伦理学、宗教学、政治经济、法律、物理、化学、生物等人文社科和自然科学在内的全方位内容体系。高德毅、宗爱东在《从思政课程到课程思政：从战略高度构建高校思想政治教育课程体系》一文中认为，课程思政是以习近平提出的“办好中国特色社会主义大学，要坚持立德树人，把培育和践行社会主义核心价值观融入教书育人全过程”为指引，着眼“又红又专、德才兼备、全面发展”的根本要求，以社会主义核心价值观为核心内容，构建全员、全程、全方位育人的高校学生思想政治教育体系。课程思政是在现有高校思想政治课基础上辅以隐性思政教育，即推动通识教育课、专业教育课在大学生思想政治教育中的价值引领作用，以期改善高校思想政治教育资源匮乏、渠道不畅的问题。武文菲在《建构主义理论视域下高校课程思政实效性探讨》中提出，课程思政的全面育人体系实施者包括思想政治理论课教师、专业课教师、校内外专家和辅导员，实施场景包括传统思想政治理论课和各专业理论课及课程思政背景下涌现出的其他综合素养课程。课程思政体系的构建核心在于实施者群策、群力构建教学中有高度价值的“情景”，并通过“对话”“合作”实现不同育人场景之间的对接，使大学生切实了解思想政治理论课的知识和内涵，做到“真学、真懂、真信、真用”。

（三）课程思政的转型功能

课程思政有助于高校思想政治教育的现代化发展，推进思想政治教育的现代化转型。在课程思政理念的指导下，各学科课程的育人功能依托其学科领域知识与实践方法的积累，将价值引领融于相应的知识传授中，实现知识与价值教育的双重功能。不同学科知识、理论和方法的引入，将在更深、更广层次上推进思政教育突破传统教育理念的局限，逐步摆脱单向灌输等传统教育方式的路径依赖，不断增进内容的知识性、学理性以及方法的多样性，从而形成更为科学、系统的教育体系，实现思政教育的现代化发展。王敏、王滨在《热观察与冷思考：新时期推进课程思政改革的必然选择》一文中提到，长期以来，高校思想政治教育没有能够兼顾“育德”和“育才”的两者统一，课程思政能够在分方向培养的大背景下，扭转能力教育重于价值教育的不利现状，切实将“育德”融入高校全方位教育之中。闵辉在《课程思政与高校哲学社会科学育人功能》一文中说，课程思政不仅不是要取代或者弱化思想政治理论课，相反，它是要在激发其他学科课程育人功能、促进育人合力的同时，不断强化和提升思想政治理论课本身的教育功效。

（四）课程思政的引领作用

课程思政坚守主旋律，强调所有课程同向同行，对大学生的价值观培养能发挥引领作用。思想政治理论课作为高校思想政治教育的主渠道，承担系统化开展马克思主义理论教育教学的主要职责；通识教育课等综合素养课程则注重在培养人的综合素质过程中牢铸理想信念，以人文素养涵养人心、培育人格；哲学社会科学和自然科学课程则作为专业课，在具体的知识、学理、技术等教育中凸显价值引领和精神塑造功能。各类课程相辅相成，体现课程思政“知识传授与价值引领相结合”“显性教育与隐性教育同发展”的目标和导向，共同作用和服务于立德树人的根本任务。张铨洲在《课程思政的价值意蕴及引导策略》一文中说到，课程思政以课程为载体，以立德树人为根本，在培育时代新人的过程中必须坚持正确的方向，在潜移默化中引导新时代大学生全面发展。在国家层面，富强、民主、文明、和谐，在课程思政的推行中倡导主流意识形态，将主流意识形态融入显性教育和隐性教育中，指引新时代大学生树立正确的世界观、人生观、价值观；在社会层面，自由、平等、公正、法治，将其融入新时代大学生的思想政治教育中去，用社会氛围熏陶高校大学生。邱伟光在《课程思政的价值意蕴与生成路径》一文中认为，实施课程思政的意义在于能引导学生坚定道路自信、理论自信、制度自信和文化自信，让教育始终坚持为改革开放和社会主义现代化建设服务，为培养中国特色社会主义合格建设者和可靠接班人服务。实施课程思政的意义也在于践行“立德树人是高校立身之本”的办学理念，对于应对多元文化碰撞的挑战、引导学生辨析各种不同价值观的真伪提供坚强保障，确保高校育人工作走在塑造学生良好品德、传输社会主义核心价值观的道路上。

三、课程思政的基本构成

根据课程思政内涵的分析，我们可以认为课程思政的基本构成主要包括思政课程、专业课、综合素养课、第二课堂四个方面。我们逐一进行分析说明。

（一）思政课程

思政课程是针对高校大学生开展思想政治教育的具体课程，它是高校课程思政建设的主力军，是推动课程思政建设的风向标。思政课程教授学生的内容是以马克思主义基本原理为基础的理论知识，这些内容决定了思政课程是高校思想政治教育工作的核心内容，筑起了高校思想政治教育工作的基石。但思政课程讲授的内容相对枯燥乏味、单一、刻板，导致高校大学生对课程存在反感和排斥情绪，高校思政教育便出现了“孤岛效应”。因此，当下推动高校课程思政建设，将思政课程作为课程思政建设的主要内容和关键环节，有利于规避课程的“孤岛效应”，且同时保证了高校思政建设中思政课程这一个“主渠道”。

（二）专业课

专业课是课程思政建设的重要内容和重要工具，它是通过在专业课教育中传授专业知识来开展思政育人的相关工作的。基于专业课开展思政建设工作对于解决高校思政课程与其他专业之间“两张皮”的问题有重要促进作用。另外，在对大学生开展高效思政教育的同时，深化教学改革，拓展本学科知识的应用面，可进一步发挥本专业的育人作用。由于专业课和思政课程之间存在特定差异，在寻求通过专业课这一平台推动高校思政建设时，需要从如下三方面开展工作。其一，加大专业课中思政元素的挖掘力度和融入程度；其二，从本专业相关教育目标、要求、体系、方法、流程入手，精心设计专业课教育教学课件；其三，专业课教师要积极主动地与思政课程教师沟通交流，提升个人在专业课中融入思政元素的专业能力。

（三）综合素养课

综合素养课是指除思政课程和专业课之外的公共基础课程和通识教育课程，它是高校课程思政建设的内容之一。在综合素养课课堂教学之中，教师可以结合当前时事内容进行分析，注重传播和突出知识的内涵与价值，不仅提升大学生的学习知识的能力水平，还教会学生待人处事的策略和潜在的技巧，最终培养大学生健康良好的品德性格，实现综合素养课的育人效果最大化。综合素养课不同于思政课程和专业课，其内容的变化性相对突出。授课教师应该从内容入手，在提升学生兴趣爱好的同时，通过潜移默化的模式将科学知识、正确的价值观教授给大学生。

（四）第二课堂

第二课堂是指高校课堂之外的教育教学实践。相比课堂教学而言，高校第二课堂并没有一定的教学大纲，要求课程在规定的时间内完成教学，它更加灵活机动，可以根据教育教学的实际需求进行调整，思政课程、专业课、综合素养课内涵较单一。因此，高校第二课堂是高校课程思政建设的重要内容和环节，通过高校第二课堂建设，可以将思政教育基本要求、“立德树人”根本导向融入第二课堂，既是对第一课堂的补充，也是将课堂知识付诸实践的有利渠道。另外，第二课堂建设形式多样，平台众多，可以综合利用各种先进的信息技术和有一定影响力的平台资源，使高校大学生思政道德素质等内容内化于心中，外化于行动。

四、课程思政的理论基础

课程思政概念的酝酿、提出、执行都是基于一定的理论依据而进行的，主要包括马克思主义基本理论、课程文化发展理论、有效教学理论三类。我们按照上述的逻辑顺序，逐一给出课程思政的支撑理论。

（一）马克思主义基本理论

1. 多种思想理论全面发展

从内容来看，一是课程思政的推进目标与马克思主义基本理论中人的全面发展的理论相契合，二是课程思政坚持社会主义办学与马克思主义基本理论中的教育思想是相一致的，三是课程思政关于坚持规律认识的原则与马克思主义基本理论中关于认识与实践的理论是同向而行的。从个人全面发展来看，马克思主义基本理论强调每个人自由发展是一切人自由发展的条件，其中人的全面发展涵盖个体能力、社会关系、人的个性三个方面的同步发展，这与高校课程思政中将专业课程与思政课程融合的教育教学方式是相通的。从教育思想来看，马克思主义基本理论认为教育不仅是提高社会生产力的一种方法，还是造就全面发展的人的唯一方法，这一点与高校课程思政的育人初衷相吻合。从认识与实践理论来看，马克思主义基本理论指出认识和实践是统一的，要在实践中坚持和发现真理，课程思政建设就是基于已有的认识在高校思想政治教育中进行实践，推动认识世界实践活动的开展，二者同根同源。因此，马克思主义基本原理是支撑高校课程思政建设的基本理论之一。

2. 习近平新时代中国特色社会主义思想

习近平在高校课程思政建设方面强调，要以立德树人为中心环节和根本任务，培养德智体美劳全面发展的社会主义建设者和接班人。习近平新时代中国特色社会主义思想指出，师德是高校工作最为重要的环节之一。习近平在与北京师范大学师生座谈时提出，成为人民满意好老师的首要的两个要求就是有理想信念和有道德情操，这两点正好在高校课程思政建设中予以突出。具体来看，课程思政建设，一方面，促进了高校非思想政治教育专业的其他专业教师价值观的培养，助力其找好定位，服务德育工作；另一方面，加强了专业课程与思想政治教育理论课程之间的融合，提升了不同专业教师之间的融合度和协同教育教学的能力。如此看来，课程思政建设是完全符合习近平新时代中国特色社会主义思想的，为高校思想政治教育工作中教师队伍建设提供了根本遵循和理论指南。

（二）课程文化发展理论

课程文化发展理论是针对高校所有课程中文化建设发展所形成的基本理论集合。课程文化是指针对高校所有课程建设过程中的文化集合。无论是课程文化发展理论，还是课程文化，均包含了一定的相关制度、相关规章、相关规范、相关内在精神等在内的多重因素。课程文化发展理论对课程文化建设具有一定的指导性作用。课程文化对于提升课程建设中的育人效果具有很好的促进效用，是决定课程建设质量的重要因素和内在灵魂。开展高校课程思政建设势必要推动各种课程开发符合自身需求的课程思政建设文化体系，这对于总结归纳课程思政建设中存在的问题、造成问题的原因、建设课程思政的路径具有重要作用。从课程文化中凸显的价值来看，课程文化在西方国家注重培养的是个人价值，而在我国注重培养的是集体价值。这种文化的差异决定了课程思政建设应该将社会主义核心价值观融入思政建设的核心环节，彰显我国体制的优越性。这也是我国传统文化和课程建设的内在要求，属于高校教师的基本职责与使命担当。从课程文化传播途径来看，课程文化传播主要通过特定的合法合规的渠道，这也决定了课程思政建设必须通过课程文化的路径进行建设。从课程文化的归属来看，高校课程思政建设的目的是推动大学生树立正确的文化观，这与高校课程文化建设的目的殊途同归，二者相互依托、相互促进。

（三）有效教学理论

有效教学理论是在20世纪初被相关学者提出的，属于现代教学理论的一种具体的表现形式。从内涵来看，有效教学是指高校教师在教育教学实践过程中能够遵循相关规律，激发课堂教育教学中学生参与学习的积极性，达到一定教育教学预期效果的教学过程。推动实现高校有效教学是现代教育发展的基本要求，它可以帮助学生激发内在潜力。课程思政建设要求实现全员、全程、全方位育人，这与有效教学理论完全契合，二者都注重推动教学自身的全面性、有效性的设计与发展。课程思政建设的本体性价值在于彰显教育教学的初衷，即推进学生全面发展。从达到有效教学的过程来看，有效教学不仅需要教师精心组织设计，更需要教学体系、教学目标、教学原则等方面不断完善，属于一个各单元协同合作、各阶段逐步优化的过程。而课程思政建设正是要求各学科协同育人，各阶段不断融合，这一点促成并保证了教学实现有效性，符合有效教学的基本要求。从课程内容来看，无论是思政课程、专业课、综合素养课，还是第二课堂，都要求实现理论与实践的统一、科学知识与正确价值观的统一，这与有效教学的实现是高度一致的。因此，推动高校课程思政有效性建设是有效教学理论在课程思政建设方面的具体体现。

第二节　课程思政的发展阶段

中华人民共和国成立以来，思想政治教育在人才培养工作中一直都扮演着十分重要的角色。特别是随着我国各项改革事业不断深入，高校的扩招和高等教育的迅速发展，给思想政治教育带来了新的挑战，思想政治教育的主体和载体、立足点和导向性都发生了深刻的变化。总体来看，从新中国成立后的政治与思想教育发展到当前的课程思政，大致经历了三个阶段。

一、从政治与思想教育到思想政治工作

中国共产党历来重视思想政治教育。自1921年以来，中国共产党始终坚持把马克思主义理论与中国实际相结合，创新和发展思想政治教育理论，一直高度重视从思想上建党。在中华人民共和国成立初期，1949年12月第一次全国教育工作会议上，教育部副部长钱俊瑞就明确指出："新区学校安顿后的主要工作，是进行政治与思想教育""其主要目的乃是逐步地建立革命的人生观"。1952年3月18日，中央人民政府教育部颁发的《中学暂行规程（草案）》和《小

学暂行规程（草案）》中提出："应对学生实施智育、德育、体育、美育等全面发展的教育。"政治与思想教育不仅仅要深入中小学生，更需要面向高校学生。1955年，教育部副部长刘子载在关于高等学校的政治思想教育工作问题上指出："向学生进行政治思想工作的目的，就是不断提高学生的社会主义觉悟，培养学生的马克思列宁主义世界观和共产主义道德品质""政治理论课程是高等学校进行经常的、系统的政治思想教育最基本的形式"。1956年，国家基本上完成了对农业、手工业、资本主义工商业的社会主义改造。此后十年是我国政治与思想教育工作的探索期，在这一时期，我国普通高校的政治理论课的课程设置和教学内容逐渐由以新民主主义革命理论和政策为主，转变为以社会主义革命和建设的理论和政策为主。1957年2月，毛泽东在《关于正确处理人民内部矛盾的问题》的报告中指出："我们的教育方针，应该使受教育者在德育、智育、体育几方面都得到发展，成为有社会主义觉悟的有文化的劳动者。"1958年9月19日下发的《中共中央、国务院关于教育工作的指示》中提到："党的教育工作方针，是教育为无产阶级的政治服务，教育与生产劳动相结合；为了实现这个方针，教育工作必须由党来领导""共产主义社会的全面发展的新人，就是既有政治觉悟又有文化的、既能从事脑力劳动又能从事体力劳动的人"。

20世纪60年代，"政治与思想教育"的称谓逐渐过渡到"思想政治工作"。1964年9月14日下发的《中共中央宣传部、高等教育部党组、教育部临时党组关于改进高等学校、中等学校政治理论课的意见》中指出："高等学校、中等学校政治理论课的根本任务，是用马克思列宁主义、毛泽东思想武装青年，向他们进行无产阶级的阶级教育，培养坚强的革命接班人；是配合学校中各项思想政治工作，反对修正主义，同资产阶级争夺青年一代""政治理论课教师应当在自己的教学活动中，积极配合学校党、团组织对学生进行的思想政治工作"。此后，"思想政治工作"的说法一直沿用到改革开放初期。

二、从思想政治工作到学科德育

改革开放之后，教育部更加重视青少年思想政治教育，开始恢复和重建政治理论课程，强调"思想政治工作要多方协作"。1978年4月，教育部办公厅印发《关于加强高等学校马列主义理论教育的意见》指出："马列主义理论课与政治运动、形势教育、劳动教育、政治工作等，从不同角度对学生进行马列主义思想教育。各有侧重，不宜相互代替。"1978年4月22日，邓小平在全国教育工作会议上的讲话中提出："培养人才有没有质量标准呢？有的。这就是毛泽东同志说的，应该使受教育者在德育、智育、体育几方面都得到发展，成为有社会主义觉悟的有文化的劳动者。”又说：“我们要掌握和发展现代科学文化知识和各行各业的新技术、新工艺，要创造比资本主义更高的劳动生产率，把我国建设成为现代化的社会主义强国，并且在上层建筑领域最终战胜资产阶级的影响，就必须培养具有高度科学文化水平的劳动者，必须造就宏大的又红又专的工人阶级知识分子队伍。”1980 年 4 月，教育部、共青团中央印发的《关于加强高等学校学生思想政治工作的意见》中提到：“学校的思想政治工作必须紧密结合为‘四化’培养人才这个中心来进行，决不能把思想政治工作和教学、科学研究工作对立起来或割裂开来。”要正确理解政治工作在高等学校中的地位和作用，善于把思想教育结合教学科研去进行，并切实解决学生在学习、生活中的一些实际问题。1981 年 6 月，党的十一届六中全会通过的《关于建国以来党的若干历史问题的决议》指出：“要在全党大大加强对马克思主义理论的研究，对中外历史和现状的研究，对各门社会科学和自然科学的研究。要加强和改善思想政治工作，用马克思主义世界观和共产主义道德教育人民和青年，坚持德智体全面发展、又红又专、知识分子与工人农民相结合、脑力劳动与体力劳动相结合的教育方针。”

至此，高校如何加强思想政治教育工作已成为国家层面迫切想突破的重大课题。1984 年，中共中央宣传部、教育部印发的《关于加强和改进高等院校马列主义理论教育的若干规定》强调：“马列主义理论课和学校的日常思想政治工作是相辅相成、缺一不可的有机整体”。自此马克思主义理论课和思想道德课组成的“两课”建设开始走向规范化。为贯彻党的十二届六中全会精神，进一步指导高校在日常教育教学过程中渗透思想政治工作，1987 年中共中央出台的《关于改进和加强高等学校思想政治工作的决定》更是明确指出：“把思想政治教育与业务教学工作结合起来。要按照各个学科的特点，引导学生正确认识在校学习与今后工作之间的关系，解决好为谁服务的问题。……哲学社会科学和文学艺术课程，应坚持以马克思主义为指导，努力联系我国改革和建设的实践，把思想政治教育贯穿到教学环节中去。自然科学课程的教学要注意讲述本专业在我国社会主义建设中的成就和当前要解决的重大课题。”为了更好地将思想政治教育贯穿到教学环节中去，1994 年 8 月《中共中央关于进一步加强和改进学校德育工作的若干意见》中正式提出“学校德育”和“学科德育”的概念。该文件明确“按照不同学科特点，促进各类学科与课程同德育的有机结合。各门课程的建设应体现社会主义的办学方向和全面发展的办学指导思想，教学大纲和教学评估标准要有正确的思想导向”。1995 年国家教委颁布的《中国普通高等学校德育大纲》进一步指出："要发挥各科教学中的德育功能，结合教学相关内容和各个环节，有机地对学生实施德育。"这是我国第一部全面系统规范高校德育工作的大纲，该大纲的颁布和实施对思想政治教育的建设提出了更高的要求。此后，中共中央更加重视对中小学生以及大学生的思想政治教育在学科及课程中的渗透。2000 年 12 月 14 日，中共中央办公厅、国务院办公厅发出的《关于适应新形势进一步加强和改进中小学德育工作的意见》再次重申："德育要寓于各学科教学之中，贯穿于教育教学的各个环节。"2004 年，中共中央、国务院下发的《关于进一步加强和改进大学生思想政治教育的意见》对"学科德育"理念做了系统阐述，进一步指出，高等学校各门课程都具有育人功能，所有教师都负有育人职责，要把思想政治教育融入大学生专业学习的各个环节，渗透到教学、科研和社会服务各个方面。要深入发掘各类课程的思想政治教育资源，在传授专业知识过程中加强思想政治教育，使学生在学习科学文化知识的过程中，自觉加强思想道德修养，提高政治觉悟。

三、从学科德育到课程思政

进入 21 世纪以来，我国社会发展速度加快，大学生在许多方面都呈现出新的特点，这要求思想政治工作必须遵循党的思想路线，与时俱进，富有创新性地展开。因此，《国家中长期教育改革和发展规划纲要（2010—2020 年）》确立了"育人为本"的教育方针和"德育为先"的战略主题，指出要把德育渗透到教学的各个环节中，增强德育工作的针对性和实效性。"学科德育"的理念提出后，2008 年通过的《中共中央宣传部、教育部关于进一步加强高等学校思想政治理论课教师队伍建设的意见》指出："多用喜闻乐见的语言、生动鲜活的事例、新颖活泼的形式，活跃教学气氛，启发学生思考，把科学理论讲清楚、说明白。"2005 年起，上海市启动实施"两纲教育"，即《上海市学生民族精神教育指导纲要》和《上海市中小学生生命教育指导纲要》，推进以"学科德育"为核心理念的课程改革，编制学科德育实施意见，整体构建大中小学德育体系，把德育的核心内容有机分解到每一门课程，将社会主义核心价值观作为核心内容整体、科学、有序地融合进各学科，挖掘每一门课程的育人功能、增强每一位教师的育人责任。2014 年 12 月，在第二十三次全国高等学校党的建设工作会议上，习近平指出，办好中国特色社会主义大学，要坚持立德树人，把培育和践行社会主义核心价值观融入教书育人全过程，强化思想引领，牢牢把握高校意识形态工作领导权。

通过多年的实践，“学科德育”的工作取得了比较好的效果，在立德树人方面发挥了重要作用。在实践过程中，高校越来越感觉到“进一步挖掘各门课程育人功能、调动授课教师积极性”的重要性。为此，在2014年，上海市率先提出“课程思政”的育人理念，围绕“知识传授”与“价值引导”相结合的课程目标，构建“显性教育”（高校思想政治理论课）与“隐性教育”（综合素养课和专业课）相结合的课程内容体系，挖掘专业课思想政治教育资源与价值。上海市在总结经验的基础上，一方面，积极制定综合素养课程建设价值标准，围绕体制机制、课程设置、教师选聘以及教学方式等方面，强化政治方向和思想引领，突出综合素养课程的育人价值；另一方面，努力制定专业课育人教学规范和评价标准，编制课程教学指南，推广试点经验，努力彰显综合素养课和专业课的育人价值。

2016年12月，全国高校思想政治工作会议在北京召开，明确提出要求各门课程“守好一段渠、种好责任田”，与思想政治理论课同向同行。2017年6月22日，教育部召开2017年高校思想政治理论课教学质量年上海调研片会暨高校“课程思政”现场推进会。2017年9月，中共中央办公厅、国务院办公厅印发的《关于深化教育体制机制改革的意见》指出，要健全立德树人系统化落实机制。2017年10月，党的十九大报告指出：“要全面贯彻党的教育方针，落实立德树人根本任务，发展素质教育，推进教育公平，培养德智体美全面发展的社会主义建设者和接班人。”2017年12月，教育部印发《高校思想政治工作质量提升工程实施纲要》明确指出，要构建课程育人质量提升体系。大力推动以课程思政为目标的课堂教学改革，优化课程设置，修订专业教材，完善教学设计，加强教学管理，梳理各门专业课所蕴含的思想政治教育元素和所承载的思想政治教育功能，融入课堂教学各环节，实现思想政治教育与知识体系教育的有机统一。可以说，该实施纲要为高校推进课程思政建设指明了着力点和突破口。2018年3月，教育部部长陈宝生指出：“要啃下一批‘硬骨头’，包括教师思政、课程思政、网络思政等，解决思政课和思想政治工作发展中的一些难点问题。”其要求把课程思政作为“硬骨头”来啃，可见课程思政是亟待进一步破解的大课题。

第三节　课程思政的特征与构建策略

一、课程思政的特征

（一）潜隐性

课程思政强调的是一种隐性思想政治教育，有学者将隐性思想政治教育定义为，寓于专门的思想政治教育之外的社会实践活动中展开的、不为受教育者焦点关注的一种思想政治教育存在类型。潜在的、隐性的对立面是显性的，一般出现在高校课程表上的课程是显性的课程，授课的形式也主要是显性的。思政课作为典型的显性课程，表现在育人资源和授课形式上，即以往的思政课教学以教师显性的、灌输性的教学为主，强调显性教育。思政课教师把教材上显性的育人内容直接灌输给学生的传统教学方式更有利于学生对于思想政治教育知识的认知学习，而缺乏情感的体验和实践的行动。在现实生活中，由于我国教育体制的原因，学生往往从小学就开始学习思想政治教育方面的课程，一直到中学、大学，不间断地学习相关内容。学校的显性教育方式和教学内容的重复性、不合理性等因素的影响，使部分大学生不愿意甚至比较反感上思政课。但是，对于建设中国特色社会主义的主力军——大学生进行思想政治教育又是必需的，发挥思政课以外的其他课程的隐性育人作用就迫在眉睫。

课程思政的潜隐性特征一方面表现在高校大学生所学的专业课、综合素养课、实践课等课程中所蕴含的思政元素、思政资源隐藏于、渗透于相关的教材和教学内容中。有的学者指出，其他学科尤其是社会科学类学科，以哲学社会科学为主的课程中隐含着、渗透着相当多的思政元素。专业课、综合素养课等课程主要教授专业技能和通识修养等内容，所传递的本学科教学内容是显性的，所蕴含的思想政治教育资源却是无形的、潜在的、隐性的。课程思政中的思政元素隐藏在专业知识和通识知识中，需要教师主动梳理出来并在讲授学科知识的过程中潜移默化地传授给学生。课程思政的潜隐性特征另一方面表现在各学科任课教师的教学方式是润物细无声的。为了更好地落实习近平的讲话精神，让课程思政的育人作用与思政课的育人作用协同发挥影响，就要求各学科任课教师能动地、积极地挖掘自己所教授课程中的思政元素、思政资源，对大学生进行道德教育、政治教育、心理教育等思政教育，更重要的是各学科任课教师如何利用这些思政资源对学生进行教学。在高校中各学科任课教师在教授专业课、实践课、综合素养课等课程知识时采用的是显性的教学方式，但是在教授课程中所蕴含的思政元素时应采用隐性的教学方式。这种隐性的教学方式对学生来说是一种无意识的过程，但对授课教师来说却是精心策划的有意为之。教师把所授课程中有关政治、道德、思想等思政内容融入其所讲的内容中，达到寓教于无形的状态。这样大学生在学习专业知识和通识知识的同时，更容易接受教师对其进行的隐性思想政治教育，更容易引起大学生的情感共鸣，从而有利于他们将所学的思政教育内容转化为自身内心的理想信念，并最终外化于行。

（二）融合性

融合性是课程思政的另一重要特征，其强调的是各知识、各要素、各主体的融合。思政元素、思政教育资源寓于各类课程中，并与各类课程的知识、内容紧紧贴合在一起，二者是一种一体化的联通。课程思政教学理念适用的专业课、实践课、综合素养课等将知识传授与价值引领相结合，具有融合性。各学科课程中的知识传授与价值引领相互联系、不可分割，具有一致性，可以说是“二位一体”。各学科任课教师在讲授相关学科知识时应注重对课程中所蕴含价值的引领，如文史类学科的专业知识更贴近思政课的授课内容，能更便捷地挖掘人文精神、人文素养、审美情操等思政元素，可以更好地用马克思主义的观点看待问题、用马克思主义的方法解决现实问题，让大学生形成正确的“三观”。而理工类学科的专业知识虽然和思政课的知识有较大差异，但是其中所蕴含的相关科学精神、探索精神、创新精神、严谨求实精神等与思政课的思想政治教育内容相得益彰。思政元素的挖掘要赋予学科知识价值引领，让学科知识更显立体化。同时，思想政治教育又依托学科知识，使思政教育更有力度。在价值引领和知识传授的相互促进中，课程思政会达到良好的育人效果。

课程思政的融合性特征具体体现在课程思政中的各课程教学目标的融合上，即教学目标在综合考虑大学生需求、社会现实需求、学科内外逻辑需求等方面后的有机融合，最终要求高校各类课程的教学目标实现道德认知、道德情感、道德意志、道德信念、道德行为的有机统一。体现在各课程教学过程中的融合，即在各学科课程教学过程中强调知识教育和思政价值引领相结合，帮助学生成为道德高尚、知识渊博、体魄健康的全面发展的合格建设者。就如美国学者麦克尼尔所讲的，合成课程的精义是情感领域（情绪、态度、价值）与认知领域（理智的知识和能力）的整合，情感方面的因素是增添到课程中去的，从而赋予学习内容以一种个人的意义。体现在各学科课程中的教学方法、方式的融合，即各学科课程要通过改良过的、有机融合的教学方法实现课程的教育性，来推动课程思政的实施。各学科课程性质不同，体现思政教育的教学方法也不同，无论是“大水漫灌”，还是因材施教的“滴灌”，无论是规范严谨的陈述，还是引导启发式的演绎，只有有机融合这些教学方法，才能更好地实现课程思政育人的效果。

（三）整体性

相对于思政课对大学生所进行的点、线思想政治教育来说，课程思政是一种整体的课程观念，具有整体性的特征。高校在以往教学中，几乎只有思政课的任课教师承担着对大学生进行思政教育的任务，缺乏教育各方面力量的整合，容易形成思政课单兵作战的局面，而课程思政教学理念的推行有利于改变这样的困境。心理学家提出了生态系统论，指出生活在世间的个体是存在于互相联系和互相作用的环境系统中的，系统与个体息息相关，并在很大程度上对个体的发展产生着影响。课程思政的建设需要调动社会方面、学校方面、家庭方面等各方面的力量，使高校各学科、各部门、校内外协同发力，共同协助思政课发挥育人功效。课程思政体现的是一种整体的课程观念，强调从全方面、全局、全过程加强大学生的思想政治教育。

课程思政整体性特征的一方面表现在不同教学主体即各学科任课教师协力合作，作为一个整体来发挥育人作用上。在践行课程思政教学理念的过程中，高校要求各学科任课教师积极、主动地协助思政课教师对大学生开展思想政治教育实践活动，在自己所教授的课程教学过程中进行隐性的、渗透性的教育，让学生更好地发展。各学科任课教师虽然授课的内容各不相同，但是他们作为一个整体共同发挥立德树人的作用。学科任课教师通过不同的方式在自己教学过程中潜移默化地育人以达到一种协力合作的效果。这种协作的过程以及协作的效果具有整体性，最终都是为了服务于学生。课程思政整体性特征的另一方面表现在课程思政强调高校的综合素养课、专业课各学科作为一个整体共同挖掘育人资源，发挥育人功效，辅助思政课形成育人合力，共同完成“立德树人”这一根本任务。高校开设的必修或选修的综合素养课、实践课、专业课等课程之间的思政资源、思政元素共同发挥作用，形成育人整体。思政课以外的学科不具有较强的令学生反感的政治意味和浓郁的意识形态性，但同样可以帮助大学生获得正确的“三观”，帮助他们形成认识问题、解决问题的思路和方法，最终达到进一步巩固思政课思想政治教育的目的。思政课以外的学科资源同样作为一个整体服务于教师的教学工作，为学生奠定资源基础。

总之，课程思政是一种整体性的观念体系，通过不同教学主体的引导，通过对不同思政教学资源的挖掘，实现与思政课保持一致的政治方向，共同发挥思想政治教育的作用，共同实现立德树人的目标。

二、课程思政的构建策略

课程思政是对传统思想政治教育在观念上的突破、队伍上的扩充、载体上的拓展、内容上的丰富和方法上的创新。课程思政通过创新思想政治教育理念，主动转变思路，充分挖掘和充实各类课程的思想政治教育资源，促进包括综合素养课、专业课在内的各类课程与思想政治教育有机融合，从而扩展思想政治教育的内涵及外延，实现全员、全程、全方位育人的大思政局面。

（一）要牢牢把握五个关键环节

一是课程思政建设的基础在课程。没有好的课程建设，课程思政的功能就成为无源之水、无本之木。为此，尊重课程建设规律、强化课程建设管理是课程思政建设的根本基础。

二是课程思政建设的重点在思政。没有好的思政教育功能，课程教学就会失去方向，从而导致课程教学中知识传授、能力培养与价值引领之间的割裂甚至冲突。

三是课程思政建设的关键在教师。教师是教书育人实施的主体，也是课堂教学的第一责任人，同时教师个人的思想品德、学识、气质、素质都潜移默化地感染和熏陶着大学生的思想和行为。

四是课程思政建设的重心在院系。课程思政教育教学改革不局限于某些个别专业点，既要求教师及时转变教育观念，也要求教师不断优化教学内容、创新教学方法。因此，这给高校教育教学改革布局、教学活动组织带来了新的问题和新的挑战，需要建立起上下贯通、多元参与的运行机制，特别是在以院为实体的制度改革下，院系要发挥积极性和主动性，建设一批有思政特色的专业课。

五是课程思政建设的成效在学生。学校一切教育教学活动的根本目的在于培养更高质量的人才。因此，课程思政改革的效果如何，最终必须以学生的成长成才为检验标准。

（二）要打破课程壁垒、学段壁垒和教学模式壁垒

课程思政既是贯穿大、中、小学的一体化的教育理念，又是要求在所有课

程中都要贯彻执行的教育理念，各门课程、各个学段的教育都要做到因地制宜。邱伟光在《课程思政的价值意蕴与生成路径》一文中认为，高校教育是分专业展开的，课程思政在推行过程中不仅要重视思想政治理论课对其他学科课程的引领作用，也要重视思想政治理论课与各学科专业教育中的潜移默化育人效应形成合力。这意味着，课程思政体系需要打破各学科之间，尤其是人文学科和科学学科之间的壁垒，实现各学科知识与人、与生活的多向交流关系。同时，他提出课程思政的内容聚焦应做到因地制宜，如在应用型高校突出敬业精神、在研究型高校突出创新意识等，并能够结合校风、校训、革命历史，让课程思政符合教书育人的客观规律，具有亲和力、感染力。卢诚在《高校思政新课程实践性教学改革的几点思考》一文中提出，为适应不同阶段学生特点，任课教师要不断探索新的教学方法和手段。课堂讲授和理论灌输依然是中学和高校思想政治理论课教学必不可少的教学方法，高校思想政治理论课教师应从大学生的年龄、专业特点，从充分发挥学生主体作用入手，坚持以教师为主导、以学生为主体，倡导专题式教学、任务驱动式教学、互动式教学，重视锻炼学生理论联系实际的能力，鼓励学生参加社会实践，培养学生独立完成任务的能力，培养团队的创新精神和合作意识。

（三）要在不同类型院校实施中区分重点

每门课程有每门课程的特点，不同类型的院校也有不同的特色，贯彻落实课程思政理念应该要有所区分，明确重点。李静在《理工院校实施课程思政教学改革的几点思考》一文中提出，专业课、思想政治理论课从来不曾割裂，每一门课在传授专业知识的同时，都应该传递价值，不仅要帮助学生“专业上成才”，更要促进其“思想上成人”。不同专业领域应该有不同的载体和重点，如理工科课程更注重对技术的掌握和应用，学生所学的知识也是为了技术的研究和开展，理工科教师在理工科课程中发挥思政教育作用，不是要改变专业课的本来属性，不是每门课都要体系化、系统化地进行德育活动，也不是每堂课都要机械、教条地安排思政教育内容，而应该坚持学科专业的性质不变、本位不变，充分发掘专业课的德育功能，鼓励团队专业教师开设学科通识课程，通过打通专业课、基础课、通识课之间的壁垒，让学生发现各学科的真、善、美。张晓荒在《构建适应工学结合人才培养模式的思政课程新体系》一文中认为，在工科院校，思政课程作为公共课程不受重视，存在思想政治教育与学生职业发展脱节、学生价值观塑造途径不畅的问题。适合工科人才培养模式的课程思政体系应当能够结合我国改革开放浪潮中行业发展的特点与学生专业所需的操守与规范。具体而言，首先，应该着力塑造工科学生的家国情怀，令其意识到社会主义现代化整体建设与其所在行业发展的相互作用；其次，应该结合行业道德操守与职业精神开展课程思政教育。

（四）要准确理解综合素养教育与思想政治教育的异同

从课程体系来看，高等教育课程主要可分为思想政治理论课、综合素养课和专业课，三者间既有不同的教育任务分工，又相互联系、相互支撑。（在这个问题上，不少学者常将综合素养课与通识教育课通用。）石书臣在《高校思政理论课与通识教育课程的关系探讨》一文中认为高校通识教育与思想政治教育的根本教育目的均是促进大学生的全面发展，二者均不是以“致用”为导向的教授专业知识与一技之长的课程。但二者也各有所侧重，通识教育课程侧重文化素质教育、淡化意识形态教育，而思想政治教育则侧重德育，具有鲜明政治立场和教学制度安排。因此，在课程思政改革中应避免思想政治理论课的通识化。思想政治理论课的教育应当围绕课程教学大纲、紧贴教育实际与育人目标的需要展开。同时，高校思想政治理论课应当做到与通识教育功能互补，共同培养公民健全的人格，以塑造大学生的优良品质。高校思想政治教育也可以借鉴通识教育灵活多样的教学方法，如将经典阅读与案例分析相结合，在教师主导与学生自我学习形成合力效应的同时，坚持正确的价值导向，确保通识教育课程的健康发展。

（五）要重视教师、教材、教育资源三要素

课程思政实施效果如何，很重要的一个因素就是教师。彭小兰、童建军在《德育视域中的隐性教育生成研究》中认为，身先垂范、为人师表是每一位教师的基本素质。教师的理想信念、言行举止、学识观念、爱好习惯等都潜移默化地影响着学生。首先，从思想层面上，教师要转变教学理念，把关注学生发展作为教育追求之一。其次，从行为层面上，教师要成为“知行合一”的道德实践者与示范者。只有教师道德认知与其道德行为一致，才更有利于促进学生道德认知向道德行为转化，达到“亲其师”而“信其道”的目的。教师在显性教育中发挥着价值导向的功能。邱伟光也认为，教师是课程思政生成的关键因素，教师应转变对传授知识的偏重倾向，树立牢固的育人意识，具备传播价值的倾向，利用教学艺术提升课程思政的亲和力。

教材建设是育人的重要依托。教材的意识形态属性较强，反映了执政党、国家和社会的主流价值观。教材的建设既要兼顾知识传授，又要内隐价值观建设，在内容上要尽力避免脱离实际，在规范上要做到继承现有的学科体系。熊

晓琳、王丹在《创新高校思想政治理论课建设体系要做到“三个必须”》一文中认为，要加强立体化教材体系建设。立体化教材包括书本教材和网络教材、课本和辅学读物。教育部门应适时组织马克思主义理论建设工程专家编写、修订专用教材和教学用书。教材应构建马克思主义理论学术话语体系，体现出权威性，应将马克思主义中国化最新理论成果以学生能够读得懂、记得住、用得活的形式及时收编，增强马克思主义理论的生命力，体现出教材的科学性和可操作性。教材内容应注重对社会热点问题的探讨，对经典案例的分析，能够启发学生独立思考，体现出教材的思想性。在使用统编教材的同时，应加大各地各高校网络教学资源的整合力度，加快共建特色突出、影响力广、思想性强、时效性强的思想政治理论课教学网站，及时建立微博、微信等新媒体公众平台，使优质的思想政治理论课教育资源及时共享。

对思想政治教育资源的深入挖掘，是每门课践行课程思政理念的重要保证。如应用技能型的工科课程可以在工程实践环节探讨有效形式来融入思想政治教育元素，自然科学类的课程可以挖掘知识体系以外的求知品德、爱国精神等人文精神与育人价值。卢诚在《高校思政新课程实践性教学改革的几点思考》一文中提出，在思想政治理论课新课设置实施方案中加强实践环节的教学，有力地推动思想政治理论课的教学改革与创新，既能提高学生的学习积极性，又能有效解决长期困扰思想政治理论课教学的一些难点问题，真正达到“学马列要精，要管用”的目的。同时，课程评价体系也应与时俱进，不断明确各门课程的思想政治教育元素，从教学内容、方法、平台等多维度保障课程思政教育教学质量。

第二章　课程思政教育理念的价值与践行

本章的主要内容是课程思政教育理念的价值与践行，我们主要从课程思政教育理念的价值、课程思政的相关概念、践行课程思政理念的难点三个方面对此进行探究，期待能深入理解课程思政教育理念。

第一节　课程思政教育理念的价值

课程思政理念的提出是为了改进和加强高校思想政治工作的需要，对于落实教书育人的主体责任，对于确保全员、全程、全方位育人要求的实现具有重要的推动作用，也有助于全面提高高校思想政治工作的水平和质量。加深对课程思政的内涵定位、育人为本导向和问题导向等的认识，系统规划课程思政的生成路径，对高校坚持社会主义办学方向，培养德才兼备、全面发展的人才具有重要的现实价值。

一、丰富教学内容，让学科建设更具深度

课程思政教学理念的提出及在各大高校的推广应用，不仅仅有利于高校更好地立德树人，还有利于各专业课、综合素养课、实践课等课程的发展。课程思政之“课程”承担着价值引领和知识传授的双重任务，而价值的引领和知识的传授是紧密联系、相互配合、相互促进的关系。课程思政教学理念赋予各类课程对大学生进行正确价值引领的责任，而各类课程在潜移默化中发挥育人功效后，可以更好地加强本学科的发展。各类课程的育人作用是无意识的，但是挖掘育人元素和发挥育人作用的过程却是各学科任课教师有意而为之的。

一方面，高校各学科的任课教师在挖掘本专业所蕴含的思政元素、思政资源时，在很大程度上丰富了本课程的教学内容，让专业课程的教学内容更具深度和广度。各学科的任课教师在课堂教学中，不仅仅要把课程知识点、专业技能等教授给学生，还要把知识、技能背后的精神教授给学生，讲好知识、技能

背后的故事，传递出知识、技能背后的精神力量。各学科任课教师要引导大学生学会正确对待不同社会思潮的影响并树立正确的“三观”，同时要学好相应知识、培育相应技能，把个人的理想追求和国家的现代化建设、中华民族的复兴相结合。这让课程内容更具温度，更丰富多彩，更让学生乐于接受。另一方面，各学科任课教师在有意识地挖掘并加入思政资源和思政元素的过程中，可以进一步加深对思政教育的理解，加大思政课对其他课程意识形态的引领作用。在进行其他学科教学时，任课教师会潜移默化地接受思政的影响，会站在马克思主义立场上用马克思主义的方法来解决和分析问题，从而进一步加深和丰富各类课程的知识，使教学内容更生动、更深刻。这使各学科任课教师不仅要传授给学生与学习相关的专业知识和技能，还要教会学生如何正确地对待所学知识和技能，以及如何正确地应用这些知识和技能建设社会主义中国。总之，课程思政的价值引领可以让知识传授更立体、更丰富。

二、提升学生素质，让思政教育更有力度

高校是培养社会主义现代化建设者的摇篮，大学生身上担负着历史和现实所赋予的时代重任。当代大学生能否成为一名合格的建设者，不仅仅需要其具有扎实的科学素质，如丰富的学识、娴熟的专业技能等，更重要的是需要具有高尚的思想道德素质，如正确的“三观”、坚定的理想信念、积极的思想政治觉悟等。随着改革开放的深入发展和社会主义现代化进程的不断加快，外来的各种社会思潮不断涌入我国，带有资本主义意识形态的思想和价值观对我国大学生的理想信念的树立、政治方向的坚定、正确“三观”的确立等造成了一定的冲击。为了更好地建设中国特色社会主义、实现社会主义现代化、实现中华民族伟大复兴，培养优秀的大学生势在必行。在高校中主要通过思政课堂来提升和强化大学生思想政治教育，而在很长一段时间内，因思政课一直采用传统的、单一的教学方式，缺乏与时俱进的教学内容等，思政课难以创新和吸引学生的学习兴趣。另外，由于长久以来思政课的单打独斗使思政课和其他各类课程成了“两张皮”，二者不能形成育人合力，甚至是背道而驰，这进一步影响了思政课的育人效果。

课程思政教学理念的提出和推广、实践，明确了我国高校为建设社会主义培养人才的办学方向和高校各科教师全面育人的使命担当。由于课程思政具有潜隐性、融合性、整体性等特点，其能更便利地对大学生进行思想政治教育，以便更好地协助思政课达到更优的育人效果。而课程思政中各课程的显性教育

目的是培养具备建设社会主义的专业技能、综合素养的人才，它们也承担着育人任务。各专业课、综合课要注重对大学生专业知识技能的培养和对其思想政治素质、道德素质的培养，注重培养出合格的、全面发展的人才。高校的专业课、综合素养课等各课程涵盖方方面面、五花八门的内容，它们所蕴含的思政资源和思政元素也是异彩纷呈的。各大高校的各学科任课教师可以利用课程中所蕴含的真理、科学精神和人文精神，以及各种不同的案例等来发挥育人功效，让其成为思政课的协助者、助推剂，最终形成全员、全程、全方位育人的新局面。总之，课程思政理念的提出及实施，可以更好地提升学生素质，让思政教育更有力度，同时也有助于实现“立德树人”这个根本任务。

三、体现新思想政治教育观

德国教育家赫尔巴特指出：“教学如果没有进行道德教育，只是一种没有目的的手段，道德教育如果没有教学，就是一种失去手段的目的。”美国教育家杜威认为，德育方面应致力于改变简单的、粗暴的、直接的德育方法，而应该采取渗透到各学科和整个学校生活中的间接的德育方法。课程思政不仅体现了这一教育观点，而且结合中国特色社会主义高校对人才的培养需求，倡导将知识传授与思想政治教育相融合，形成新的育人模式。具体而言，一方面，课程思政实现了知识传授与思想政治教育的融合。各个学科、各类课程的育人功能依托其学科领域知识与实践方法的积蕴，将价值引领融会贯通于相应的专业知识传授中，实现了知识传授与价值引领的育人功能。不同学科知识、理论和方法的引入，将在更深、更广的层次上推进思想政治教育，突破传统教育理念局限，逐步摆脱对单向灌输等传统教育方式的路径依赖，不断增进内容的知识性、学理性以及方法的多样性，从而形成更为科学、系统的思想政治教育体系，满足大学生的成长需求。另一方面，课程思政有助于高校思想政治教育内涵和外延的丰富与拓展。课程思政将不同学科课程进行功能整合，使其融入思想政治教育的总体格局中，这就极大地拓展了思想政治教育的内涵体系，使高校思想政治教育不再局限于思想政治理论课，而是拓展至所有课程，思想政治教育的内涵由此得以丰富，其教育吸引力和感染力也将得以提升。

四、明确坚持育人为本的导向

课程思政的实施有助于高校思想政治教育的发展提升，推动思想政治教育的现代转型，其核心之处在于明确坚持育人为本的导向。在育人为本的导向下，推进课程思政的教育教学改革，需要从学科、教材、教学、管理等方面做好规划和引导。首先，从学科上而言，课程思政要重视哲学社会科学的育人功能。正如习近平所言，高校哲学社会科学有重要的育人功能，要面向全体学生，帮助学生形成正确的世界观、人生观、价值观，提高其道德修养和精神境界，使其养成科学的思维习惯，促进其身心和人格健康发展。这指明了高校哲学社会科学的使命和责任，明确了哲学社会科学育人功能的基本内涵。哲学社会科学所具有的培养学生的理想信念、道德情操、法律意识、生活态度等功能，也为课程思政的实施提供了充分的可能，主要在于哲学社会科学与思想政治教育之间具有同向性，是高校思想政治教育的重要载体。哲学社会科学与思想政治教育之间的这种契合性和相通性，使哲学社会科学成为高校思想政治教育的重要载体，也是课程思政教育教学改革的重要组成部分。其次，从教材上而言，应加强教材编审。要推进课程思政教育教学改革，就必须推进教材体系的相应发展。比如，建立一批立场端正、内容科学、体系完备、特色鲜明的核心教材，适应中国国情和社会发展实际，符合社会主义核心价值观，同时建立统一教材的编订和管理制度，确保教材的质量。最后，从教学上而言，应制定完备的教学指南，明确相关专业课所对应的价值教育内容。课程思政要求高校各类课程都能体现育人功能，必须要明确各个学科、各类课程所应承担的思想教育和价值引领内容，要以课程思政为导向，制定清晰明确的教学大纲和教学指南。在尊重各类课程的差异性和独特性的基础上，吸收和借鉴思想政治理论课的教学经验，融合哲学社会科学课程与思想政治教育教学方案，从而形成相应的教学指南，为课程思政的育人导向提供具体指导。此外，要积极改进教学管理，强化课堂教学的思想政治教育主导作用。课堂教学是推进课程思政教育教学改革的核心环节，必须加强课堂教学管理，提升课堂教学质量，才能真正落实课程思政理念、推进课程体系建设。加强课堂教学管理，一是建立健全相关教学管理制度，将思想教育和价值引领明确纳入课堂教学管理制度；二是不断改进课堂教学方式，完善理论知识与实践方法相结合的课堂教学模式，加强实践教学环节，引导学生在理论知识学习的基础上，通过实践深化对理论知识的认知和理解，并在实践过程中加强价值认同，完成价值内化；三是完善教学评价体系，将思想教育和价值引领作为课堂教学评价和教师教学评价的指标，推进课程思政教育教学改革的实施。

五、注重坚持问题导向

2017年底，教育部制定下发了《高校思想政治工作质量提升工程实施纲要》，在阐述高校思想政治工作的基本原则时指出，新时代高校思想政治工作的原则之一：“坚持问题导向，注重精准施策。聚焦重点任务、重点群体、重点领域、重点区域、薄弱环节，强化优势、补齐短板，加强分类指导、着力因材施教，着力破解高校思想政治工作领域存在的不平衡不充分问题，不断提高师生的获得感。”在此原则指导下，课程思政坚持问题导向，重点破解课程思政所面临的各类困境。从现实性而言，课程思政是一种整体性的课程观，既有助于突破思想政治理论教育集中于思想政治理论课的瓶颈，又有助于解除思想政治理论课“孤岛效应”的现实困境。课程思政以育人为核心目标，贯通不同学科和课程的功能，使各学科课程都能真正参与高校育人工作，体现育人价值。在这一导向下，各类学科课程与思想政治理论课之间形成协同合作的整体，相互滋养，相互支撑，形成育人合力，共同作用和服务于“立德树人”这一根本任务。从教学目标而言，课程思政积极探索构建思想政治理论课综合素养课程和专业课“三位一体”的思想政治教育教学体系，使各类课程与思想政治理论课形成协同效应。此外，在课程思政理念的引导下，各类课程都要发挥不同的育人功能。如思想政治理论课作为高校思想政治教育的主渠道，需要承担系统化开展马克思主义理论教育教学的主要职责；综合素养课等则注重在培养人的综合素质过程中筑牢理想信念，传承中华优秀传统文化，提高学生的人文内涵；哲学社会科学和自然科学课程作为专业课，在其具体的专业知识等的教育中凸显价值引领和人格塑造功能。各类课程在育人目标的实现上相辅相成，体现出新的思想政治教育观。

六、有效提升高校思想政治理论教学效果

高校思想政治理论课是高校思想政治工作的主要阵地和重要渠道，思想政治工作融入课堂教学目前也主要体现在高校思想政治理论课中。但是在实践教学中，思想政治理论课的课堂教学效果却不甚理想，常出现理论讲解枯燥、课堂出勤率低、抬头率不高等现象。对大学生进行思想政治教育主要是以课堂教学形式为主导，传授政治知识、引导思想认知。这种形式是以“直线式”思维为基础的，教学内容相对滞后，教学方法相对单一，吸引力不够。此时，课程思政理念的提出，对提升当前思想政治理论课的教学效果有直接促进作用。

（一）有助于教师尽快确立“全员、全程、全方位”的育人理念

课程思政理念的实施，一方面，要求所有的教师在课堂教学过程中，都要科学处理好知识传授和价值引领的关系。在加强思想政治教育的总体目标下，每门课之间要共享信息、加强关联，每门课的授课教师都要增强育人意识和育人责任，进行交流互动，形成人才培养的全面联动机制。另一方面，能有效改变极少数非思想政治理论课教师可能存在的“思想政治理论课是跟风课”的错误观念，使其逐渐认识到马克思主义理论和马克思主义中国化最新成果的博大精深；能有效扭转极少数师生可能持有的“思想政治理论课无用论”的错误观点，使其逐渐认识到马克思主义的重大价值，自觉增强对于学习马克思主义经典理论、学习习近平新时代中国特色社会主义思想的认同。

（二）有助于挖掘各学科课程的思想政治教育资源

之前的情况是，主动开展思想政治教育的仅有部分课程，更多时候是少数职能部门的“单打独斗”和少数教师的“自主摸索”。这无法满足现实生活中学生的多元化需求，也不能适应新时代社会发展的复杂性、多变性趋势。实施课程思政，可将更多的部门、更多的教师调动起来，对各学科、各课程中所蕴含的思想政治教育资源进行深入挖掘，使学生在学习知识的过程中，提升自己的能力、完善自己的人格、培养自己的正确价值观，将个人成长与社会发展协同起来。

（三）有助于逐步形成合力育人的体制机制

实施课程思政，一方面，能推动各类课程教师逐渐形成齐抓共管、协同合作的育人合力，思想政治理论课教师将对学生的思想政治素质培养放在首位，综合素养课教师将培养学生的思想政治素质和综合素质结合起来，专业课教师把专业知识传授和价值观引领有机统一起来，形成优势互补的合力育人机制。另一方面，能推动学校各部门之间形成通力合作，教务处和各院系在课程建设上统筹协调、宣传部和文科处在课程内容导向上把好关、学生处和团委在社会实践环节做好设计、财务处和规划处等在综合资源保障上下功夫、服务保障部门积极做好全方位的配套支撑等，全校协作发力。

七、有效提升高校思想政治工作质量

相比于传统的思想政治教育理念而言，课程思政在观念上有所突破、在载体上有所拓展、在内容的丰富和方法的创新等方面都有所提升。通过创新思想

政治教育理念，主动转变思路，充分挖掘各类课程的思想政治教育资源，促进包括综合素养课、专业课在内的各类课程与思想政治教育有机融合，从而扩展思想政治教育的内涵与外延，实现全员、全程、全方位育人的大思政局面，对于提升高校思想政治工作质量有着重要的意义。

（一）有助于推动思想政治工作与课堂教学育人形成育人合力

在传统的观念中，思想政治教育一般主要由思想政治工作来负责。但课程思政的理念则认为，要发挥课堂教学的作用，加强课堂教学与思想政治教育的融合，通过课堂教学来增强育人的实效。

高校的重要使命是“立德树人”，不仅要实现知识探究、能力培养、人格养成，更核心的任务在于价值引领，担负起引领大学生成长成才的使命。对大学生开展思想政治教育，并不是思想政治工作的“专利”，也不是思想政治理论课的“专利”，而是所有教师、所有课程共同的使命。因此，利用好课堂教学，也是对学生进行思想政治教育的重要途径。但课程思政并不是要求所有教师都在课堂上进行直接的道德灌输和说教，而是要从教学目标出发，深入挖掘各专业知识中的思想政治教育资源，加强对学生理想信念、道德价值等的科学引领。

教师在课堂教学中要注重理论与实践相结合，立足于中国特色社会主义建设的伟大实践，讲好中国故事，从每门课的知识点中挖掘思想政治教育资源，在课堂上做到育才与育德的统一，以“润物细无声”的方式引领学生关心党的发展和国家的建设，引领学生处理好个体成长与奉献社会的关系，为增强社会主义核心价值观提供理论基础，为践行社会主义核心价值观提供精神底色。特别是一些德高望重的学科专家，由于其本身具有较高的道德威望和学术权威，在学生群体和社会上具有较高的被认可度和被信任度，因此，他们在传授专业知识的过程中所传递出的家国情怀等正能量的内容，对大学生而言将更具有亲和力、感染力和渗透性。以课堂教学为载体加强大学生思想政治教育，将课堂主渠道功能发挥最大化，有助于与思想政治工作形成思想政治工作共同体，提升高校思想政治教育同质效力，发挥出全员育人的教育合力，能进一步提升高校思想政治工作质量。

（二）有助于实现教育由“阶段”育人向“全程”育人提升

高校的思想政治理论课主要集中开设在学生的大一和大二阶段，部分教师习惯性认为进行思想政治教育是思想政治理论课的责任，这就使思想政治教育呈现出“阶段”育人的特征，在很大程度上制约着高校思想政治工作的整体效果提升。2017 年 2 月，中共中央、国务院印发了《关于加强和改进新形势下高校思想政治工作的意见》，该文件提出“要加强对课堂教学和各类思想化阵地的建设管理，充分挖掘和运用各学科蕴含的思想政治教育资源”。高校在加强思想政治理论课建设的同时，还要发挥各门课程的育人功能，挖掘大一到大四每个阶段、每门课程的育人作用，实现思想政治教育由“阶段”育人向“全程”育人提升。

课堂教学活动是学校的基本活动。如果思想政治工作都集中在前半段，那么当这些课程结束后，大学生的思想政治教育的课堂理论教学就会出现空白。由于思想政治工作是做人的思想工作，而人的思想又会呈现出主观性和复杂性的特点，不是一个阶段和一个时期的集中教育就可以完成任务的。其需要思想政治工作者持之以恒的努力，需要将思想政治工作贯穿在大学生学习成长的整个阶段，才能实现“全程”育人的目标。因此，提升大学生思想政治工作的成效就必须超越“阶段”目标，树立“全程”育人的理念。课程思政正是这一理念的体现，帮助思想政治工作实现由“阶段”育人向“全程”育人提升。

课程思政并不是要增开一门课，也不是开展一项活动，而是挖掘专业课的育人资源，通过“润物细无声”的方式，实现全过程的育人引导。各门课程在传授知识的同时，要做到价值引领和知识传授的统一，在传授知识的同时，隐性地开展思想政治教育，传播社会主义核心价值观。这样既不会引起学生的反感，又能实现全过程的育人目标。高校教师应坚持“种好责任田、守好一段渠”，在课程教学中贯穿思想政治教育，这对于实现“全程”育人的思想政治工作有着重要意义。

八、回应培养时代新人的内在需要

习近平在全国高校思想政治工作会议上指出，做好高校思想政治工作要用好课堂教学这个主渠道，思想政治理论课要坚持在改进中加强，提升思想政治教育亲和力和针对性，满足学生成长发展需求和期待，其他各门课都要“守好一段渠、种好责任田”，使各类课程与思想政治理论课同向同行，形成协同效应。这突破了过去将思想政治教育局限于思想政治理论课的观点，成为新时期高校推动课程思政建设、发挥课堂教学育人主渠道作用的根本方向。充分理解课程思政，用好课堂教学主渠道，对于高校坚持社会主义办学方向、确保育人工作贯穿教育教学全过程、实现“立德树人”的根本任务等方面有着重要实践意义。

（一）能确保高校始终坚持社会主义办学方向

中国特色社会主义高校的根本性问题在于“培养什么人、怎样培养人、为谁培养人”。这一根本性的问题直接决定着中国特色社会主义高校的办学方向。改革开放以来，中国共产党始终坚持中国特色社会主义方向，选择了一条从中国国情出发，又顺应世界发展潮流的中国特色社会主义发展道路，取得了前所未有的发展成就，为实现中华民族伟大复兴的中国梦奠定了坚实的物质基础。但是，中华民族的伟大复兴不是一朝一夕就能实现的，而是需要经历一个长期的过程，需要一代又一代人为之不懈奋斗。其中，高校无疑肩负着重大的责任，要始终把培养一代又一代的中国特色社会主义事业的合格建设者和可靠接班人作为初心和使命。

围绕这一初心和使命，高校的发展方向就需要始终同中国特色社会主义建设的现实目标和未来方向保持一致，努力做到为人民服务，教民之所需，育民之所求；要始终坚持为中国共产党治国理政服务，确保党对高校的绝对领导，确立马克思主义在高校意识形态领域的主导地位；要始终坚持为巩固和发展中国特色社会主义制度服务，坚定道路自信、理论自信、制度自信和文化自信；要始终坚持为改革开放和社会主义现代化建设服务，培养中国特色社会主义合格建设者和可靠接班人。要做到始终坚持社会主义的办学方向，高校就必须进一步加强思想政治教育。践行课程思政的理念，让所有的教师、所有的课程、所有的环节都承担起“培养什么人、怎样培养人、为谁培养人”的历史使命，才能更好地明确中国特色社会主义的办学方向，坚持社会主义高校的育人导向，把“立德树人”根本任务落到实处，确保社会主义高校人才培养目标的顺利实现。

（二）能确保育人工作贯穿教育教学全过程

一直以来，我国的教育事业都十分重视育人工作，把育人作为教育教学最重要的功能。知识传授是育人的重要基础，课堂教学是育人的主渠道，学用结合是育人的重要目标。“建国君民，教学为先”，中国教育的传统就是“知行合一”，朱熹讲“知是行之始，行乃知之成”，王阳明进一步提出了“行是知之始，知乃行之成”的主张，“博学之、审问之、慎思之、明辨之”，最终的目的是“笃行之”，能否笃行是检验真知的标准。

课堂教学是高校教学的基本途径，也是联系师生的纽带，更是生发教育意义的场所。课堂教学的重要性不言而喻，其不仅是讲授专业知识的主渠道，也是开展思想政治教学的主渠道。在传授专业知识的同时，教师自身的修养和人格也对学生产生着潜移默化的影响。“学高为师、身正为范”，教师的教育教学过程也承担着思想政治教育的功能。在课堂教学过程中，加强马克思主义理论研究和建设工作，创新教学方式方法，增强思想政治理论课的亲和力、说服力和感染力，可实现对学生的育人引导；在通识教育中融入德育，可传达价值追求与理想信念；在专业课教学中，挖掘专业课中所蕴含的思政资源，以专业知识为载体，通过教师的言传身教，实现对学生的思想引领。践行课程思政的理念，将思想政治教育贯穿于高校教育教学的全过程、全环节，能更好地提高育人工作质量，让一代代马克思主义理论武装起来的青年大学生真正成为建设和发展中国特色社会主义事业的栋梁之材。

（三）能确保实现“立德树人”的根本任务

人才培养是学校的根本任务，“立德树人”是学校的根本使命。当前，高校办学面临着复杂多变的国际和国内环境，教育对象的个性十分鲜明、思想活跃，经受着各类思想观念交锋和多元思想文化碰撞的挑战。这虽然给高校的发展带来了机遇，也带来了较大冲击。学生的思想容易受到外界的影响，他们除了在学校中接受主流思想和社会主义核心价值观教育外，还会受到社会各类非主流舆论和其他价值观的影响。这就特别需要教师注重对学生知识和能力的培养，做好对学生思想的引领和价值观的塑造工作。

因此，教师的全部使命不在于简单地向学生传授知识，还要解答学生在成长过程中遇到的疑惑，加强对学生的正向引导，将学生培养成“又红又专”的社会主义建设者和接班人。践行课程思政的理念，明确要求教师在教学、科研、管理和服务工作中，既要服务于学科专业的发展，又要承载着对学生的精神塑造。高校要进一步加强对课程思政的宣传，引导全体教师在教育教学工作中自觉践行社会主义核心价值观，以社会主义核心价值观引领学生的价值成长和价值建构，澄清借助网络迅猛传播的各种错误思潮，消除这些思潮对学生成长带来的负面影响，帮助学生扣好“人生的第一粒扣子”，确保“立德树人”根本任务的顺利完成。

第二节　课程思政的相关概念

一、课程思政与思想政治理论课

课程思政与思想政治理论课（简称“思政课程”）既有区别又有联系。课程思政其实不是增开一门课，也不是增设一项活动，而是将高校思想政治教育融入课程教学和改革的各环节、各方面，实现“立德树人”的“润物无声”。可以说，课程思政实质上是一种创新的教育理念，它既不是指具体的一门思想政治理论课，也不是要新增几门思想政治理论课替代现有的思想政治理论课，而是通过深入挖掘专业课和综合素养课的德育内涵和德育因素，促进显性教育和隐性教育相融合，即寻求各科教学中专业知识与思想政治教育内容之间的关联性，并在课程开展的过程中，将思想政治教育的相关内容融入学科专业教学之中，通过学科渗透的方式达到思想政治教育的目的。思想政治理论课主要指学校专门开设的为实现思想政治教育目标的一系列课程，在课程内容上主要是以马克思主义为指导传播社会主义意识形态，具有鲜明的政治属性。二者的区别主要表现在授课内容、育人方式、作用效果等方面。

从授课内容上看，高校思想政治理论课主要包括“马克思主义基本原理概论”“中国近现代史纲要”“毛泽东思想和中国特色社会主义理论体系概论”“思想道德修养与法律基础” “形势与政策”等课程。虽然在育人任务上课程思政与思想政治理论课是一致的，但在教学内容上又有不同，课程思政更多的是通过将思想政治教育寓于其他各类课程的教学过程，推动其他各类课程结合教学相关内容和各个环节潜移默化地对学生实施思想政治教育，是借助其他各类课程巧妙地融入思想政治教育的内容。可以说，课程思政是对传统思想政治教育观念的突破，在教学载体上有所拓展，在教学方法上有所创新。

从育人方式上看，思想政治理论课是显性育人，课程思政更多的是隐性育人。高校思想政治理论课的内容边界和学科定位较为明显，更多强调一种显性的社会主义意识形态灌输，通过系统化的课程体系，由具有专业知识背景的教师将主流价值观通过讲授的方法直接传授给学生。课程思政则着力于将价值观的培育和塑造“基因式”植入所有课程，将思想政治教育贯穿于学校教育教学全过程中，将教书育人的内涵落实于课堂教学主渠道，将知识传授与价值引领结合起来，真正实现在价值传播中凝聚知识底蕴、在知识传播中强调价值引领。

从作用效果上看，思想政治理论课在思想政治教育中发挥重要作用，高举政治旗帜、根植理想信念，不断强化对学生“四个服务”（为人民服务、为中国共产党治国理政服务、为巩固和发展中国特色社会主义制度服务、为改革开放和社会主义现代化建设服务）意识的培养。课程思政则是发挥深化和拓展作用，在其他课程的知识传授中强调主流价值引领，保证正确的政治方向。

然而，在大思政工作体系和新时代教育发展的背景下，思想政治理论课与课程思政又是紧密相连的。思想政治理论课需要发挥主渠道、主课堂的显性功能；课程思政则可以进一步拓宽思想政治理论课的内涵，实现各类课程与思想政治理论课同向同行，形成协同效应的目标。

首先，思想政治理论课和课程思政在指导思想上是一致的，都强调坚持马克思主义的指导地位。思想政治理论课是进行思想政治理论教育的主要课程体系，而课程思政则是含有思想政治教育目标的教学体系。我国高校是社会主义性质的高校，人才培养要坚持正确的政治方向，坚持以马克思主义为根本价值遵循。所有课程教学都要以马克思主义为指导，坚持正确的政治方向，遵循社会主义核心价值观。课程思政要把握政治方向，树立大局意识，与思想政治理论课一道，共同承担好对大学生进行思想政治教育的职责。

其次，思想政治理论课和课程思政在育人方向上是一致的。思想政治理论课和课程思政都是"立德树人"的重要形式，本质上都是在进行育人工作，核心都是解决"培养什么人、怎样培养人、为谁培养人"的问题。我国高等教育对人才的培养是为了建设新时代中国特色社会主义服务的，是为了使学生增强"四个自信"，要将社会主义核心价值观教育融入教学过程，在课堂上对学生根植正确的理想信念，坚定政治立场，强化思想引领。随着中国特色社会主义进入新时代，课程思政与思想政治理论课都要以学习贯彻习近平新时代中国特色社会主义思想为根本遵循，在育人方向上要紧密围绕"四个自信"做好学生的思想政治工作，努力把握专业育人和全员育人的共通点，实现对学生的价值引领，达成课程思政与思想政治理论课的协同发展、同向同行。

二、课程思政与学科德育

课程思政与学科德育既有区别又有联系。有学者认为，学科德育这一概念更适用于基础教育，而课程思政这一概念更适用于高等教育，两者有相通的基础也有衔接的可能和必要。一般而言，学科德育确实多侧重于中小学的思想道德教育，各省也制定了相关纲要，如山东省在 2016 年 5 月 25 日召开《山东省中小学德育课程一体化实施指导纲要》新闻发布会，提出了学科德育、实践德育的理念和做法，达到增强学生的道德体验和道德实践能力的效果。课程思政多侧重于高等学校的思想引导，如 2014 年上海市委市政府印发《上海市教育综合改革方案（2014—2020 年）》，将德育纳入教育综合改革重要项目，逐步探索从思政课程（思想政治理论课）到课程思政的转变。下面将从概念和适用学段两个方面作简要辨析。

首先，从概念上来看，《中国大百科全书》中对德育的定义为"教育者按照一定社会或阶级的要求，有目的、有计划、有组织地对受教育者进行系统的影响，把一定的社会思想和道德转化为个体思想意识和道德品质的教育”，强调思想性和道德性的输入。学科德育的概念起源于2000年中共中央办公厅、国务院办公厅所颁布的《关于适应新形势进一步加强和改进中小学德育工作的意见》。该意见指出：“德育要寓于各学科教学之中，贯穿于教育教学的各个环节”。学科德育是对中小学狭义的承担直接德育的德育学科（品德与社会等学科）的超越。学科德育强调在学科中渗透德育，尤其指学校内各科目中德育要素的总和。课程思政这一概念来自上海高校对2016年全国高校思想政治工作会议精神落实的实践探索。课程思政是对高校承担的作为思想政治教育直接渠道的思政课程（思想政治理论课）的超越，强调在课程中渗透思想政治教育，包括学校所有课程中所包含的思想政治教育资源与要素。具体来说，它就是要求在思想政治教育目标准确定位和功能明确的前提下，充分挖掘各门课程的思想政治教育资源，拓宽教育的渠道，发挥教育主体的协同育人功能，并将理论与实践、教学目标与教学内容高度融合，实现高校思想政治教育理念的变革和创新。

其次，从适用学段上来看，笔者认为学科德育更适用于基础教育，课程思政更适用于高等教育。其一，学科德育在重视德育的基础上，更多的是强调学科。在中小学教学中，学科更加具体，特指语文、数学、英语等科目。课程思政在重视思想政治教育的基础上，强调课程。在高等教育的语境范畴中，课程是指在校学生所应学习的学科总和及进程与安排，包括学校教师教授的各门学科和有目的、有计划的教学活动。学科特指“相对独立的知识体系”和“为专业设置的学科分类”，相对独立的知识体系下的，如自然科学、工程与技术学科等，为专业设置的学科分类，如哲学、经济学、文学等。所以，若在中小学提倡课程德育，在高校提倡学科思政，就会显得概念指向不够明确。其二，在基础教育中，普通中小学的任务主要是培养学生的基本素质，为他们学习做人和进一步接受专业教育打好基础。少年儿童的这种基本素质的养成是基础性的、全面性的，同时由于每一个少年儿童都需要这种发展，所以，普通中小学教育具有基础性、全面性和全体性的特点。在这个意义上来说，基础教育中用德育这个相对泛化的概念更适合。德育更多强调的是思想品德的教育，这对于着重塑造学生心灵的中小学生而言，更加贴切。相对而言，高等教育阶段的学生，他们的身心发展和认知水平都有了一定的积累，道德行为规范也已经基本形成，对中国的政治制度和发展道路有所体会，在此基础上，开展更加鲜明的思想政治教育更能适应高校学生的发展。积极践行课程思政的教育理念，也能更好地回答“培养什么人、怎样培养人、为谁培养人”的高校教育的根本问题。

实际上，学科德育与课程思政虽然有所区别，但是它们本身有诸多共同点，这些共同点也就成为联系学科德育与课程思政的重要基础。

第一，二者有共同的理论基础。学科德育与课程思政共同的理论基础都是马克思主义基本原理、毛泽东思想和中国特色社会主义理论体系。其中，社会存在和社会意识相互关系的学说、人的本质的学说、各种社会意识形态在社会中的作用及相互关系的学说等，为学科德育与课程思政的形成、发展奠定了理论基础。

第二，二者有共同的育人目标。二者都是将提升德育实效性作为目标，将"立德树人"作为根本任务，将社会主义核心价值观作为核心内容，科学、有序地融入各学段、各学科的。学科德育与课程思政都是在帮助学生了解学科的知识体系、概念体系、逻辑体系的基础上，引导学生形成积极的人生观、正确的价值观的。无论是学科德育，还是课程思政，都应以社会主义核心价值观为核心教育指向，以政治认同、国家意识、文化自信和公民人格为重点的顶层内容体系架构，并根据不同学段的学生特点，开展德育课程一体化设计。

第三，二者有共同的育人途径。二者都致力于充分挖掘各学科的德育和思想政治教育内涵，实现能力培养与道德养成的有机融合。在进行学科教学的同时，将在各学科教学内容中所蕴含的政治思想和道德因素通过有效的手段和方法，自然地融入课堂教学的各个环节之中，从而实现育人功能。学科德育与课程思政都是通过特定途径向受教育者传递相关信息，促使这些信息为受教育者所内化和外化的。教育主客体发生联系的途径大致表现为课堂教学的传播、学习活动任务的融入。

第四，学科德育和课程思政都注重全员、全程、全方位育人，力图构建大思政工作格局，使各类课程与思想政治理论课同向同行，形成协同效应，是把"立德树人"作为教育的根本任务的一种综合教育理念。无论是适用于中小学的学科德育，还是适用于高校的课程思政，二者都通过教学实践的方式，实现"立德树人"的教学目标。

总之，由于基础教育和高等教育之间形成了人才培养的供应链关系，基础教育的人才培养目标来自高等教育和社会需求，而高等教育的人才培养目标来自社会需求。所以，从人才培养的这条价值供应链关系的角度而言，学科德育与课程思政应当衔接起来，在不同的阶段发挥各自的育人功能。

三、显性思想政治教育与隐性思想政治教育

围绕“知识传授与价值引领相结合”的目标，服务思想政治教育的内容，在课程教学组织上又有显性教育与隐性教育之别。显性教育和隐性教育二者不是一种具体方法的名称，而是一种类型方法的称谓。其中，显性教育指的是教师组织实施的，直接对学生进行公开的道德教育方式的总和，在课程内容上主要是以马克思主义为指导，传播社会主义意识形态，具有鲜明政治属性的课程。隐性教育则指的是引导学生在教育环境中，直接体现和潜移默化地获取有益于学生个体身心健康和个性全面发展的教育经验的活动方式及过程，主要采取隐性渗透的方式，寓思想政治教育于各类课程之中，包含综合素养课（通识教育课、公共基础课）和专业课，通过“润物细无声”的方式，实现对学生的思想价值引领。

首先，显性教育和隐性教育是思想政治教育实施过程中相辅相成、辩证统一的一对方法。二者的实施特点不同，分属不同的教育形态，但又在不同层面上共同构成实施方法的主体，并且相互联系、相互补充，缺少任何一方都难以形成一个有效的系统。

从逻辑上看，两者具有不同的性质，内涵上不相同，具有相对独立性。显性教育是通过有意识的、直接的、外显的思想政治理论课，使学生自觉受到影响的、有形的思想教育方式。而隐性教育则是无意识的、间接的、内隐的教育活动，使学生在潜移默化中，以专业知识学习为载体，加强价值观教育。尽管显性教育大多数时候都是思想政治教育的主体，但显性教育和隐性教育并非是主从关系，而是两种不同的工作方法，处于两个独立的教育形态。

从实践运行上看，显性教育和隐性教育又紧密相连。这主要表现在以下几个方面。其一，显性教育与隐性教育分属思想政治教育的两种形态，往往又互相交织在一起，隐性教育常常隐含在显性教育中。如在进行专业知识传授的课程中，所传授的知识是显性的，而传授者的教育方式（包括人格魅力、语气语调等）又是隐性的。其二，显性教育与隐性教育不是静态的，而是一种互动辩证的过程。隐性教育虽然是依靠教育主体的自我发挥来潜移默化地影响教育对象的，但是如果被高度重视和精心设计，就会逐渐转化为某种意义上的显性教育。例如，上海高校牢牢抓住课堂教学这个主渠道，一方面积极探索在综合素养教育中根植理想信念的有效方式，推出了“中国系列”品牌课程（上海大学的“大国方略”、上海交通大学的“读懂中国”等课程是典型代表）；另一方面大胆创新，相继推出一批专业课作为践行课程思政理念的示范课（华东政法

大学的“法治中国”、上海中医药大学的“岐黄中国”是典型代表），专业课中的思想政治教育被深入挖掘进而凸显出来，逐渐转换成为显性教育。其三，显性教育和隐性教育是一种相互补充的关系，只有二者相互支持、彼此认同，才能共同促进教育对象对于思想政治教育的认同，取得良好的教育效果。

其次，既要把显性教育进一步强化，又要把隐性教育做足做深。一方面，要加强思想政治教育的显性教育就要充分发挥思想政治理论课在价值引领中的核心作用。高校思想政治理论课是对大学生系统开展中国特色社会主义理论教育的课程，是社会主义大学的优势所在，也是高校人才培养的核心课程。一是高度重视思想政治理论课一体化衔接的问题，既要做好与中小学政治课程的衔接，解决好知识重复和内容侧重点的问题，又要做好本科课程与硕士、博士研究生思想政治理论课的衔接，科学体现思想政治教育知识点在不同学历层次对象中广度与深度上的不同要求。二是特别关注思想政治理论课内部横向贯通的问题，重点探索“马克思主义基本原理概论”等四门本科必修课和高校“形势与政策”课相互支撑、相互促进的关系。尤其要发挥高校“形势与政策”课的优势，这门课程汇聚了其他各门课程的基本原理，集中体现了马克思主义中国化的最新成果。三是大力探索高校思想政治理论课话语体系的创新，处理好马克思主义理论学科建设与思想政治理论课程发展的相互关系，真正体现出学科、学术、学生“三位一体”的关系。四是积极探索高校思想政治理论课程如何运用好哲学社会科学学科资源，如何发扬中华传统文化资源，为思想政治理论课提供理论资源。另一方面，要加强思想政治教育的隐性教育，就要将马克思主义理论贯穿于教学和研究的全过程中，深入发掘各类课程的思想政治教育资源，从战略高度构建思想政治理论课、综合素养课、专业课“三位一体”的思想政治教育课程体系。对于综合素养课，我们在制定课程建设价值标准的基础上，可参考上海高校的做法，打造好一批“中国系列”品牌课程，从多角度阐述“中国方案”，引导大学生增强“中国自信”，实现“润物细无声”的效果。对于专业课，可采取“先试点、再推广”的模式，注重以专业知识为载体开展育人工作，根据课程的不同特性，挖掘其中的思想政治教育资源，通过编写课程教学方案，从教学目标和教学内容等各环节进行试点，然后进行推广。通过专题培训、实践试点等方式在促进各类课程教育教学的同时也引导授课教师运用马克思主义的立场、观点和方法来分析和思考问题、教育和引导学生，最终达成各类课程与思想政治理论课同向同行、协同育人的目标。

总之，在思想政治教育过程中，既要强调显性的社会意识形态灌输，通过系统化的课程体系，由具有思想政治教育相关专业知识背景的教师通过直接讲授等方式显性地传授给学生，又要采取比较潜隐的方式，渗透于其他各类课程的教学过程当中，让学生于潜移默化中接受主流价值观念的熏陶，最终做到显性教育与隐性教育融会贯通、有机融合。在此过程中，我们既要坚持思想政治理论课的核心地位，又要充分展现其他所有课程的育人价值；既要抓住课程教学这个核心环节，又要发挥全方位德育的教育合力作用，最终实现思想政治教育从专人、单向向全员、多维的创造性转化。

四、思想政治理论课、综合素养课与专业课

课程思政的建设能否达到预期效果，很重要的一个问题是必须厘清思想政治理论课、综合素养课和专业课之间的关系，即要从宏观上明确在对学生开展思想政治教育的过程中，专业课教师和思想政治理论课教师之间的分工、协作等问题。

首先，从课程外延上看，思想政治理论课、综合素养课和专业课三者之间有着清晰的边界划分。高等教育中的思想政治理论课主要包括思想政治教育四门必修课和“形势与政策”课，综合素养课主要包括通识教育课、公共基础课等，专业课主要包括哲学社会科学课、自然科学课等。三者的建设重点和培养目标也不尽相同。思想政治理论课承担着对大学生进行系统的马克思主义理论教育的任务，要教育引导学生全面学习并掌握马克思主义基本原理、马克思主义中国化的重大理论成果，深入贯彻落实习近平新时代中国特色社会主义思想等。在综合素养课体系中通识教育起源于古希腊的博雅教育，作为对全部学生开设的非专业性教育，现今在高等教育中起重要作用。一般认为，通识教育既是高校的一种教学理念，也是一种人才培养模式，具有受众广泛、教育内容丰富以及所学知识的基础性强的特征。公共基础课是高校各专业学生共同必修的课程。一般包括社会科学公共基础课、自然科学公共基础课和社会实践等，如大学人文、大学物理、大学计算机等。公共基础课是培养德智体美劳全面发展人才的重要支撑。在专业课的体系中，哲学社会科学课关系到学生对人和社会的认知与理解，是以马克思主义为指导的，立足中国、借鉴国外、挖掘历史、把握当代、关怀人类等相关的专业课。自然科学课主要是研究自然界有机或无机的事物和现象的科学，旨在揭示自然界发生的现象及其实质，进而把握其规律性。

其次，从功能定位上看，思想政治理论课、综合素养课和专业课三者之间既相互联系又各不相同。思想政治理论课主要可分为系统教育课程和特色教育课程，系统教育课程主要包括系统开展马克思主义理论教育教学，特色教育课

程主要包括特色教育，如扎实推进习近平新时代中国特色社会主义思想“三进”（进教材，进课堂，进头脑）工作。综合素养课包括通识教育课和公共基础课，属于隐性思想政治教育阵地，应发挥其深化和拓展的教育作用，在知识传授中强调主流价值引领，即在培育人的综合素养的过程中筑牢理想信念。专业课主要是深化和凸显哲学社会科学的社会主义意识形态功能，或拓展和增强科学思维以及职业素养教育。在育人功能上，三者是紧密相连的。在专业课教学中践行课程思政的理念，离不开思想政治理论课的指导和引领，思想政治理论课也需要在专业课教学中通过践行课程思政的理念来进一步拓展和深化，以提升其教育效果，而综合素养课则主要起着过渡的作用，成为过渡的桥梁。在育人的侧重点上，三者又是不同的。比如，在专业课教学中践行课程思政的理念更侧重“点”，以凸显深化的效果；综合素养课更侧重“线”，以凸显串联的功能；思想政治理论课更侧重“面”，以凸显体系化的功能。在专业课教学中践行课程思政的理念所使用的教学方法、所依据的原则，往往都具有学科专业的特殊性，而综合素养课和思想政治理论课的一般性和普遍性则更为突出。思想政治理论课可以为在专业课教学中践行课程思政的理念提供基本的理论指导，尤其是在教学设计与规划、教案内容的深度开发、具体思想政治理论教育原理的运用等方面发挥重要作用。综合素养课则在传承中华优秀传统文化方面发挥着比较优势，既不同于思想政治理论课的理论指导，也不同于专业课的知识传授，而是对两类课程的有益补充，重在提高学生的综合素质。

最后，从协作分工上看，科学界定思想政治理论课、综合素养课与专业课之间的关系，直接影响到三类课程授课教师在思想政治教育中作用的发挥。在整个思想政治教育体系中，思想政治理论课教师应该扮演主导者的角色，积极参与综合素养课和专业课在教学中践行课程思政理念的规划设计以及教材的二次开发，密切关注教育对象思想政治教育整体的状态，对其中的偏离及时做出调整，帮助专业课和综合素养课教师进行教学反思，并为其提供理论支持以及实践层面的答疑解惑。综合素养课教师应注重对传承中华优秀传统文化这一切入点的关注，对思想政治理论和专业课教师可能会出现的内容与使用不合理情况予以指导。专业课教师则应立足自身专业知识，对思想政治教育具体内容进行深化，为价值引领提供实践支撑。专业课教师和综合素养课教师在各自专业领域的优势往往是思想政治理论课教师所不具备的，这也是思想政治教育走向深入、走出说教模式所最需要的。三者之间的分工协作能最大限度地发挥课堂教学的育人主渠道作用。

五、课程思政中教师作用发挥与教学内容设计

课程思政特别强调发挥每门课程的育人功能，是贯彻落实把“立德树人”作为教育的根本任务的一种综合教育理念。它强调要在价值传播中凝聚知识底蕴，在知识传播中强调价值引领，就要求每门课程都要积极融入社会主义核心价值观的教育。课程思政实施的效果如何，既取决于教师作用的发挥，又受制于教学内容的设计。对于不同课程的授课教师来说，这是一项较大的挑战。

首先，应充分发挥教师的重要作用。要想在综合素养课和专业课教学过程中有效实施课程思政的理念，我们就需要科学设计教学内容，加强顶层设计。但也不能忽视教师在课程思政工作中应发挥的重要作用。学校教学主管部门应结合本校实际情况和学校办学特色，积极构建健全的思想政治教育课程体系，宣讲课程思政建设的内涵，确立科学的实施方案，遴选合适的试点单位。在此基础上，构建合理的评价机制，完善激励制度，重视发挥教师的引领作用。

其次，应努力提升教师个人的教学能力。教师的教学能力主要包括课堂组织的能力、与学生交流互动的能力和教学研究等方面的能力。专业教师在专业知识传授上一般有自己的心得和方法，但是对于如何将思想政治教育与专业知识体系进行有机融合的问题考虑的不多。在专业知识的讲授过程中找到与思想政治教育的切入点，是课程思政工作的关键。为此，教师应加强自身对社会主义核心价值观的系统化学习，深入理解核心价值观的精髓，将自己所擅长的学科领域与思想政治教育找到最佳的结合点，与专业知识形成交叉互联，实现渗透式教学的效果。

最后，应加强教学内容的设计，健全制度保障和评价体系。一方面，要着力推进对教学内容设计的考核评价体系建设。科学有效的考核评价体系是充分挖掘各门课程的思想政治教育资源、检验教书育人效果、提高教师育人质量的关键所在，教师可以尝试通过观测学生的课堂表现、学生评教、现场展示、同行评价等多种手段建立动态化、规范化、常态化的教学评价模式，加强对于教学过程的监督与管控，不断优化教学内容的组织与设计。另一方面，要着力推行优秀教案的激励政策体系建设。建立持续的发现、培养与跟踪机制，不断吸纳优秀教师、最受学生欢迎教师、思想政治教育相关学科专家等投入不同课程践行课程思政的教案设计工作中，建立较为成熟的教案库，对优秀的教案予以表彰并进行大力宣传，逐渐实现教案建设工作的制度化。

第三节　践行课程思政理念的难点

在习近平新时代中国特色社会主义思想指引下，在科教兴国和人才强国战略部署下，在构建人才培养体系过程中，高校思想政治教育的续航能力面临新的考验，高校思想政治教育改革必须有所作为。党和政府积极倡导课程思政理念，要求高校深化课程思政意识，紧紧围绕“立德树人”根本任务，开展高校全员、全程、全方位的育人工作。但在课程思政的理论构建和实践运行过程中还有许多难关要闯，需要用辩证唯物主义和历史唯物主义的方法看待问题，遵循唯物辩证法，做好课程思政建设的矛盾分析工作，面向高校的管理、课程、教师和学生四个研究对象，厘清难点问题，做好问题剖析，探讨解决出路。

一、践行课程思政之管理层面

（一）如何树立课程思政理念

高校课程思政建设的第一步就是要树立课程思政理念，增强课程思政意识，进行新一轮的思想政治教育创新发展。但是因为课程思政理念在高校思想政治工作中还没有提出具有普及性意义的理论支撑和实践范式，致使一些高校主体在课程思政理念的认识阶段就会产生差异。

首先，高校在面对课程思政理念的认知问题上要解决课程思政由谁领导的问题。确立课程思政领导核心，才能保证理念的说服力和感染力。课程思政理念在不同性质高校的影响力是不同的，对于专业程度比较强的高校来说，课程思政理念并没有深入高校的思想政治工作体系中，因为考虑到思想政治教育融合到专业课程体系中的难度系数比较大，在课程思政可完成度、可利用度和思政资源可挖掘度等方面存在巨大挑战。领导主体如何主动接收和认真学习课程思政的核心理念，如何借鉴试点高校的成功经验而不只是照搬照抄其他高校课程思政模式，如何依靠办学优势和专业特色将课程思政引进思想政治教育工作之中，把课程思政落实到学校思想政治教育实践中等，这些都是树立课程思政理念、发挥课程思政理念指导思想政治教育实践所必须要解决的难点问题。

其次，高校树立课程思政理念不能只局限在领导层，更需要领导核心将基本理念传递给各级组织及部门，号召全体教师共同学习、共同推进课程思政理念“进教材、进课堂、进头脑”。课程思政理念的形成过程是对全校教育工作者的思想考验。课程思政的成败在很大程度上取决于认知基础，而认知基础的最大保障就是牢固树立课程思政理念。所以，高校管理层必须高度重视课程思政理念由上到下的贯彻落实工作，在最开始就把握住课程思政的主导权，为后续工作做好思想准备。

（二）如何实现课程思政协同

解决好课程思政理念认知的首要问题，接下来就是课程思政在管理层面的运行问题。高校管理体制纵向上分为校—院—系三级，各个院系作为高校的重要组成部分，要求高校党委担当起课程思政领航员的角色，把课程思政理念落实到各级管理主体，并打通各个院系的连接渠道，实现不同院系的协同创新，实现各类课程的协同育人。

就目前高校的管理机制而言，要推进全校课程思政建设，有待进一步完善课程思政的联动机制。受高校内部条块分割的体制运作模式的影响，许多高校将思想政治教育任务作为一项专业性意识形态工作，通常会直接分配给马克思主义学院或哲学社会科学部门等相关单位，其他院系和部门则根据专业要求完成自己的教学任务，当课程思政工作落实到各级管理主体时，难免会令其产生抵触心理，容易形成“不以为然、各自为营”的思想误区，积极性不高，这样既不利于教学经验的交流和学习，同时也会影响专业课进行课程思政建设的效果。

高校课程思政面对不同的管理主体，如何实现协同育人，需要在党委的统一领导下对各级院系做好课程思政的课程教学改革部署工作，需要在校—院—系的管理体系中把课程思政理念有效落实到每个管理组织，达到全员参与、协同创新的育人目标，激发各级管理者的积极性。校—院—系各层级的课程思政协同，实现育人合力的最大化，这考验着各级管理组织的创新和操作能力，考验着各级管理主体之间的沟通和协作能力，考验着各级管理主体的责任意识和育人决心。

（三）如何评价课程思政成效

评价是指评定某事物对人和事产生的价值大小。课程思政的评价工作需要宏观和微观的双项评价结果。宏观评价是对推进课程思政建设的整体的评价，微观评价是对课程思政的实施主体的评价。课程思政的评价对象主要是进行课程思政改革的课程、教师和学生，包括课程开发与设计的实际效果、教师课堂教学的育人能力、课程思政对学生思想的影响效果等，都是需要通过评价这一管理手段来进行评估和改进的。

课程思政的实施主体在教师，建设成效在学生。课程思政改革的效果如何，最终必须以学生的获得感为检验标准。课程思政的获得感来自教师的课堂教学成果和学生的思想状况和精神状态变化，通过评价看到宏观和微观的效果呈现，这需要做大量的考核工作，也需要采取行之有效的评价方式。对教师思政能力的评价需要认真研究评价内容，确保评价全面而充分；对学生的知识水平和思想状况进行检测评价，要体现及时性和全面性。就目前仅仅依靠每学期开设的思想政治理论课的成绩来评价是不全面、不充分的，因为思想政治理论课往往以上大课的形式为主，这样的评估效果不足以完全支撑评价结果，需要其他各类课程的教学效果进行补充和支撑。但在课程思政实施过程中，人们往往会忽视其他课程对学生思想政治教育的评价及反馈信息。

对于课程思政的评价工作会受到管理体系的制约，简单地、一次性地完成综合而全面的评价是不现实的，而且不同类型课程的课程思政用统一标准来进行评价也是行不通的，那么如何获得真实有效的评估结果和问题反馈，并形成评价体系的良性循环，这对课程思政在管理层面的建设是极其重要的。课程思政在完成阶段性的任务之后，需要做好阶段性的评价工作，对不同实施主体的评价和对课程思政自身的评价是结合在一起的，因而这种评价是一项系统性工作，需要进行详细规划。

二、践行课程思政之课程层面

（一）如何构建全课程育人体系

如何提高各类课程的思想政治教育水平，如何确定各类课程的思想政治教育方向，如何完善各类课程的协同育人体系，是课程思政在课程改革环节需要重点考量的问题。课程建设是课程思政的中心环节，全课程育人体系的改革是建设的要求。各类课程在育人环节都是不可或缺的一部分，需要发挥其独特的育人价值，共同打造全课程育人体系，形成专业课、综合素养课与思想政治理论课紧密配合、同向同行的育人格局。要实现全课程育人体系，实现协同育人，就需要在专业课和综合素养课的思想政治教育能力发挥上下功夫，发挥出专业课和综合素养课在全课程育人体系中的育人作用。

专业课和综合素养课承载着“守好一段渠、种好责任田”的责任，是全课程育人体系的重要组成部分，也是构建育人体系的突破口。通过专业课和综合素养课进行思想政治教育的制约因素主要表现在：一是思政意识淡薄，对育人责任的认识有偏差，大部分专业课在教材选择上、在备课过程中，把思想政治教育元素淡化，甚至边缘化；二是高校对专业课的科研成果和教学质量的要求越来越高，专业课教学任务繁重，教学进度紧凑，教师在科研和授课过程中往往会忽略思想政治教育元素的存在，只做到知识传授，错失对学生进行价值引导的机会，减弱专业课的育人效果。

摆脱专业课和综合素养课的现实困境，构建课程思政的全课程育人体系，需要各类课程在协同育人体系中找准定位，明确分工。在专业课、综合素养课与思想政治理论课保持同向同行逻辑关系的前提下，全课程育人体系要求高校思想政治理论课走向现代化、科学化，要兼备对其他课程的方向指导和价值引领作用，专业课、综合素养课进行课程思政建设，要确保在育人环节不掉队，充分利用好课程隐性教育的优势。

（二）如何发挥课程思政功能

由于高校院系设置的多样化、学科性质的差异化、课程内容的专业化，在保持原本课程特色的基础上，把思想政治教育应用到各类课程的实践教学中，发挥各类课程的思政功能是课程思政的核心工程，也是需要集中精力解决的重要难题。

专业课是课程思政的关键一环。在整个专业课教学系统中，由于课程分类的多样化，将课程思政融入教学的各个环节不是一件容易的事。把课程思政教育改革体现在各类课程教材中，发挥在各类教学课堂上，牢固在教师头脑里，这需要我们在不违背教育教学规律的基础上，让整个教学过程落实课程思政的基本理念，并做出相应的调整和改变。在现有的教学体系中，要满足以实施课程思政为改革目的的整改建设，有些难题会凸显，依据理工类、艺术类、体育类、外语类、哲学类、社会科学类等不同专业特性，在原有知识结构中融入什么样的思政内容，为什么融入这样的思政内容，怎样融入思政内容，把握好课程思政的本质要求和实践逻辑，在教学内容设计中体现课程思政理念，这些都是调整专业课思政功能的基本问题。综合素养课是课程思政的重要一环。一般而言，综合素养课是指除专业教育之外的基础教育课程。在高校的综合素养课的设置中存在的问题有：一是把综合素养课上成专业课，或者说综合素养课的专业性质越来越强，弱化其应该体现的育人价值；二是综合素养课的内容选择大而空，脱离实际讲理论，这无疑会丢失综合素养课本来的味道，而其中最重要的一种调料就是思想政治教育；三是综合素养课只是为学生提供好拿分、拿高分的课程选择，不注重学生兴趣的培养，不注重综合素养课的育人效果；四是部分院校忽视综合素养课内在的育人作用，在所有课程中的占比持续下降，开课率低，对综合素养课的育人功能认识存在明显偏差，导致综合素养课在整个课程体系中的思政功能可有可无。高校要对综合素养课进行改革，就要对当下综合素养课的现状进行清醒地认识，反思教学目标，重构教育理念。

针对以上课程教学的思政现状，直面现实问题，如何调整专业课和综合素养课的思政功能，把课程思政理念充分融入教学中去，是课程改革的一项艰巨任务。

（三）如何挖掘课程思政资源

现代课程论之父拉尔夫·泰勒深刻阐述了课程资源的利用问题，提出要最大限度地利用学校资源。课程思政的关键在于开发专业课和综合素养课教学中的思政元素，如何挖掘其中所蕴含的思政资源，是进行课程思政改革的先决条件。

专业课的思政资源在客观上呈现出隐蔽性、随机性、渗透性三大特殊性，专业课教学中若不实现专业性课程知识和思想政治教育资源的有机统一，课程思政建设必将难以深化。在综合素养课的课堂教学中，思政资源的直接利用率不高，思政资源开发力度不够，资源的挖掘进度受到阻力等现状，同样会影响到课程思政的实施进度。专业课和综合素养课需要解决的问题主要表现在以下两方面。一是加深思政资源与课程的契合度是解决课程思政问题的重要手段。不同课程所需挖掘的思政资源要符合不同课程的育人追求，在挖掘哲学社会科学课程和自然科学课程两大类别的思政资源时，需要呈现出不同的价值导向，如果只是对思政元素的生搬硬套，课程思政的效果就会差强人意，所以对于思政资源的挖掘如何保障其适用性是必要前提；二是各类课程的教育主体对思想政治教育资源的开发意识不强，由于传统授课形式的固化，对教材中的思政资源视而不见，见而不讲，加之对现实生活的思政元素关注不足，在根本上制约课程中思政教育资源的呈现。

详细的课程分类导致各类课程的思政资源多样化，所以挖掘符合各类课程育人需求的思政元素是课程思政改革的潜在要求。各类课程做好育人工作，把专业课作为价值与科学连接的“精神中介”，把综合素养课作为自然与人文相交的“精神桥梁”，充分挖掘潜在的思政资源，通过课程教学的隐性教育，在知识领域塑造学生人格，锻炼学生意志。依据不同高校的办学特色和专业特色，有方向性地挖掘各类课程的思想政治教育资源，抓准有丰富资源潜力的重点课程进行改革，以点汇线，以线汇面，使课程思政资源看得见、摸得着。

三、践行课程思政之教师层面

（一）如何转变教学观念

转变高校教师的教学观念是课程思政教师队伍建设的首要问题。教师的职业诉求是成为“有理想信念、有道德情操、有扎实学识、有仁爱之心的‘四有’好老师”。教师的教学魅力和专业素养直接影响着学生的学习态度和行为举止。教师的授课过程在本质上看，是传授知识、提高能力和促进态度、情感、价值观相统一的过程。这体现出教师的教学观念对教育的重要性。

课程思政所倡导的教育理念是要求各类课程教师在授课过程中重拾教书育人的职责和使命，但是在教师队伍中，大部分非思政课教师会存在一些育人懈怠心理，认为学生的思想政治教育总会有人来做，自己做好本职的教学任务就好，存在教书育人认知上的偏差。据国内某高校的调查结果显示，有 72.7% 的专业课教师只是单纯从事专业教学工作，86.8% 的专业课教师认为学生思想政治教育工作不在自身职责范围内，而将思想政治教育内容渗透到专业课教学中去的仅占专业课教师的 28.1%。可见，在专业课教师队伍中，思想政治教育氛围普遍缺乏，专业课教师对于课程思政建设依然有所顾虑。上述现象同时也体现在综合素养课教师身上，综合素养课的育人职能被淡化，忽略综合素养教育对学生的价值引导作用，同时对课程思政理念有消极心理，这在很大程度上影响了综合素养课教师对学生思想政治教育的积极作用的发挥。

教师队伍如何应对课程思政带来的第一个考验，转变固有的教学观念，走出对课程思政的认知误区，深刻理解课程思政所提倡的全员育人的教育理念，自发参与课程思政实践改革并以此实现职业价值，这就需要专业课教师和综合素养课教师对教师职责深刻反思和重新认识，同时也需要其他各方力量（如思想政治理论课教师）的引导和深化。

（二）如何提高专业课教师思政水平

专业课作为课程思政建设的重点改革方面，决定了专业课教师是课程思政建设重点发展对象，是课程思政实施的关键因素。专业课教师在教师队伍中的所占比例较大，是最难也是最需要动员的教师群体，他们的思政水平将影响着课程思政的实效性。

所谓术业有专攻，专业课教师在其专业领域固然有很高的造诣，那么完成一次高质量的课堂教学任务，一定是知识传授与价值引领的双方面体现。专业课教师要做好课程思政建设，把思想政治教育元素融进课堂教学中，考验着专业课教师两方面的能力：一是思政理论水平；二是思政业务能力。“滴水穿石，非一日之功”，真正掌握马克思主义世界观和方法论，实际运用思想政治教育手段，对于专业课教师来说是需要一个不断学习和积累的过程。专业课教师对于思想政治教育相关问题感到陌生，一方面是由于其思想政治教育的知识储备不够，难以发现隐藏在教材和授课环节中的思想政治教育元素，另一方面是由于其受传统的教学方式限制，进行渗透式的育人教育，难以融入实践教学，在备课和授课时想要融入思想政治教育元素会出现力不从心的情况。

各种原因造成专业课教师建设难度比较大，提高专业课教师的思政能力是课程思政的关键点也是突破点。“2018 年高校师生思想政治状况滚动调查”结果显示，对大学生思想言行和成长影响最大的第一因素是专业课教师。让专业课教师认识到其对学生思想政治教育的重要性和必要性，让专业课教师积极投身到思想政治理论知识的学习中，让专业课教师在课堂教学中融入思想政治教育，都可以有效提高专业课教师思政水平。

（三）如何提升协作能力

唯物辩证法要求我们用联系发展的观点看问题，教师队伍是一个整体，整体的结构优化离不开教师个体的参与和协作。由于思想政治理论课教师在思政知识储备和思政教学经验上有一定的优势，所以在课程思政建设中专业课教师群体的压力相对较大，其压力来自思想政治教育理论知识的模糊、思想政治教育方法的迷茫等。思想政治理论课教师与专业课教师做好协作与配合，是课程思政对教师建设的主观需求。课程思政理念深入每一位教师的教学职责，思政课教师传授给专业课教师以知识和方法，使专业课教师在短期内进入课程思政教学改革状态，形成有效的教学成果。

在学科交叉发展的大趋势下，不同学科之间的联系日益密切，教师之间的交流学习正发生着质的变化。但是在教师队伍中，由于人文科学和自然科学的分类，各学科教师的交流学习依然局限在本院系或极少数相关院系内，与其他专业院系的交集少之又少，导致教师之间存在一定的距离。这一现状不仅阻碍了教师之间的情感交流，也不利于学科交叉的深入探讨。对于高校课程思政来说，要实现思想政治教育融入各类课程中，满足教师的发展需要，就必须提升教师队伍的配合协作能力。对教师队伍协作配合能力的考验，主要体现在三方面：一是如何为教师创建沟通平台，尤其是课程思政的交流平台，做到我中有你，你中有我，给予教师进行真诚交流的安全感；二是如何确保思想政治理论课教师在政治方向上的正确引导性和思想觉悟上的先进号召力，给予专业课教师思想教育的经验和方法；三是如何引导专业课教师积极吸收思想政治理论课教师的教学思想，提升学生在思想政治理论课上的价值观认识，做好隐性思政工作，让思想政治教育在专业课程中悄然生效。

加强教师队伍的建设，提高教师队伍的协作性，需要不同高校结合各自的情况具体问题具体分析，达到缩小思想政治理论课教师与专业课教师的距离、拓宽课程思政布局的理想效果。

四、践行课程思政之学生层面

（一）如何分析学生成长环境的特殊性

课程思政的终极价值追求是立德树人，实现学生全面发展。“95 后”的大学生相继走出校园，“00 后”开始步入大学校园，这一群体的独特成长环境造就了他们独特的思考方式和行为特点。这一代人仰望星空也脚踏实地，有时会看到努力奋进的他们，有时也会看见困惑迷茫的他们。课程思政建设的科学性体现在从学生出发，分析学生，了解学生，所以如何分析当代大学生群体成长环境的特殊性，让课程思政“活”起来，需要进行有针对性的情况说明。

新时代大学生的成长环境立足于 20 世纪和 21 世纪之交，社会环境对其成长的影响体现在正反两方面。正面是在中国快速发展的大环境下，社会主要矛盾已经从人民日益增长的物质文化需要同落后的生产力之间的矛盾转化为人民对美好生活的向往需要同不平衡、不充分发展之间的矛盾。期间经历了许多不平凡的国家大事，他们看到的是党和政府规避风险、乘风破浪的魄力，看到的是党和政府全心全意为中国人民谋幸福、为中华民族谋复兴的初心和使命，在这样的社会环境中，这一特殊群体得到的是越来越多的接触新事物的机会，享受的是越来越多的保障成长的权益。反面是在互联网飞速发展的趋势下，低级的附庸产品逐渐显现，电子游戏、不良网站、电信诈骗等影响着网络发展环境，侵蚀着社会的安全感，不利于身心健康成长的因素依然存在，凸显社会环境对当代大学生的成长方式的影响力，使当代大学生对自由、民主、公正、法治的社会追求越来越强烈。

家庭环境对当代大学生成长环境的影响也体现在正反两方面。正面体现在人民的生活水平提高，家庭收入增加，在给予孩子物质和精神需求的能力不断提高的前提下，家庭环境是大学生的成长方式的重要影响因素。当代大学生的家长注重对孩子的教育培养，逐渐意识到家庭对孩子基础知识教育和素质教育的影响，给予孩子温馨融洽的家庭环境，创造有利于孩子身心健康的成长方式。反面体现在部分家庭的抚养方式阻碍了孩子的成长，如在单亲家庭、留守家庭、暴力家庭等特殊家庭环境下成长的大学生，缺失的那份家庭情感会在心里根深蒂固，在不同程度上影响着其心理健康和社交能力发展。

新时代大学生主要受到社会环境和家庭环境的影响和塑造。分析学生成长环境的特殊性，难点在于如何把学生放在其特殊的成长环境中去剖析、去搜寻有利于课程思政进展的现实因素，还在于如何使课程教学中的思政素材贴近学生，更在于如何建设与社会、家庭环境互补的校园环境。课程思政建设要做好了解学生成长环境，把课程思政的实施出发点紧紧依靠大学生的成长历程，充分利用社会和家庭对大学生成长的积极影响，同时也要消除社会和家庭对大学生成长的消极影响。这是课程思政关爱学生、发展学生的必要职能，有利于提高课程思政的公信力，保障课程思政建设的效果。

（二）如何把握学生思想特点的复杂性

深受成长环境的影响，新时代大学生的思想特点具有其独特性和复杂性，思考方式和价值取向会出现不同于其他群体的特殊之处。在课程思政建设中，把握好学生的思想脉搏，了解好学生的思维方式，掌握好学生的教育方式，有助于增强课程思政的效果，突出课程思政的育人理念。

不管是“90 后”还是“00 后”的大学生，在相对宽松的学校环境下，渐渐会形成个体独特的价值追求和价值选择，在自身的思想斗争中，追求独立、自由、上进、创新，但容易受到外界各种因素的干扰，在理想与现实的博弈中，质疑或者否定自己，这也直接影响到当代大学生思想特点的两面性。新时代大学生思想特点的两面性需要被牢牢把握在课程思政建设过程中。学者王海建分析了“00 后”大学生的思想特点。他认为，一方面，新时代大学生主体意识较强，具有创新思维，学习能力突出，另一方面，新时代大学生过度理性和过度务实，过度追求个性化价值。有学者分析了当代大学生思想变化的新特点，其主要体现在思想意识独立，崇尚以自我为中心，关注自我价值与非功利性交叉，信奉务实价值观，个体需求现实性与成才多样性互补，关注财富的重要性。

把握学生思想特点的复杂性，难点体现在课程思政的教学改革是否能牢牢抓住学生的好奇心和注意力，是否关注学生的内心需求，是否从学生出发而真正做到因材施教。为了更好地落实“立德树人”的根本任务，高校课程思政要把握好当代学生思想特点的复杂性，关注学生的普遍性和特殊性，有依据、有针对性、有计划性地进行课程思政建设，做到从实际出发对大学生进行思想政治教育，满足国家对青年学生的殷切希望。

第三章　高校课程思政建设的问题与对策

本章的主要内容是高校课程思政建设的问题与对策，我们主要从高校课程思政建设存在的问题和加强高校课程思政建设的对策两个大方面对此进行探究，期待能通过分析得出更优秀的教学策略。

第一节　高校课程思政建设存在的问题

一、高校课程思政建设管理存在缺位

自高校开展课程思政建设以来，各地区、各高校积极推进该项工作，并且取得了很好的成绩，但就访谈调研结果来看，在实际过程中仍然存在一些管理层面的问题，主要集中体现在高校课程思政教育理念学习力度不够、课程思政建设组织力度不强、课程思政建设部分管理者权责不明、课程思政与思政课程之间存在认识偏差四个方面。

（一）课程思政教育理念学习力度不够

高校课程思政教育理念是根植于高校思政教育管理者及一线教师的一种育人理念，是当下推动高校思想政治教育工作走向新的阶段的重要法宝和途径。加强高校课程思政教育理念的学习，对于加快高质量高校课程思政建设具有重要的促进效用。据相关访谈调研发现，部分高校师生缺乏持久性的课程思政育人理念。一方面，高校党委机构、学院机构对课程思政教育理念的学习次数较少，仅在中央或者地方党委、政府，或者相关教育部门进行较少的学习，导致对其重视程度不够，因此在专业课堂中融入思政元素也是断断续续的，并未持续性地进行课程思政教育。另一方面，从学习形式来看，既有的学习多以开大会的形式进行，其用意是体现出学习内容的严肃性，但针对大思政模式下的具体内

容的具体落实在学院层面和学院思政辅导员层面相对较少，他们更多的是针对学院学生做工作，针对学院教师的培训、考核、提醒等环节都比较少。

（二）课程思政建设组织力度不强

高校课程思政建设管理存在缺位还体现在组织力度方面。这里的组织力度多是指在学院层面、党组织层面、高校社团层面的组织力度还存在较大的提升空间，而针对学校党委层面的组织力度已经执行比较到位。根据相关访谈调研结果显示，大部分教师表示高校课程思政建设组织呈现“上强下弱”“上急下缓”的特征。高校课程思政建设各环节、各岗位发力不一致，导致高层“竭力吆喝”，但基层“不见端倪”。其主要原因还是基层对课程思政建设的重视程度不够，导致组织力度不够，本应组织基层教师参加特定的培训学习却因其他教育事项给挤占了，本应组织学生参加有关课程思政建设的社会实践却由于教育教学安排不合理推迟或者取消了，总体上规划安排欠缺，统筹能力亟待提升，出现组织力度不强的情况，减缓了高校课程思政建设的步伐，降低了高校课程思政建设的阶段性质量。

（三）课程思政建设部分管理者权责不明

高校课程思政建设管理存在缺位的原因还包括高校课程思政建设部分管理者权责不明，但这种情况占比相对较低，并且主要集中的在基层，学校党委高层对于课程思政建设的分工是较为明确的，但是落实到基层学院、基层党组织、基层思政辅导员层面就出现了新的变数。高校课程思政建设属于高校思想政治教育工作中相对较新的渠道，处于“摸着石头过河”的摸索阶段，因此对于在基层岗位上如何开展课程思政建设存在较大的疑问。一是如何进行详细高效的精神和思想学习，以何种学习方式将更容易帮助高校教师接受并快速执行；二是对于课程思政教育理念学习之后，如何对学院教学岗位、思政教育岗位上的教师进行激励，如何促进教学岗位上的教师之间、教学岗位上的教师和思政教育岗位上的教师之间进行协同育人；三是如何针对学生开展行之有效的课程思政教育工作等。针对上述各种疑问，我们需要对参与课程思政建设的教师进行权责界定，针对特定事项为特定岗位划定特定的边界，有助于厘清权责问题，防止由于权责不明而导致课程思政建设滞后。

（四）课程思政与思政课程之间存在认识偏差

针对高校课程思政建设的改革而言，部分学者从我国高校思想政治教育的进程来看，认为在高校课程思政建设改革之前，高校学生的思想政治教育主要依靠的是思想政治理论课，即思想政治课堂上的理论和实践学习。但在改革之后，思政课程必须发挥其重要作用，同时要推行课程思政的教育理念，促进各学科协同育人的模式发展，课程思政与思政课程同向而行，进而形成协同效应。需要指出的是，一些访谈调研结果表明，部分教师对课程思政概念与思政课程概念存在一定的模糊认知，简单地认为课程思政是思政课程的升级版，认为高校思想政治教育的中心环节依然是思政课程，忽略了课程思政与思政课程本质上的区别，即课程思政可以说是一种教育理念，而思政课程可以界定为一门思想政治理论课程。这种情况在高校党委进行精神学习之后就逐步消除了，在这里提及仅仅是为课程思政建设与思政课程建设协同育人进行正确定位，在课程思政进一步深化推广建设的时候提前消除这种认识偏差。

二、资金、技术、人员等方面的保障不到位

高校课程思政建设的协作层面存在问题，其原因主要是课程思政建设在资金、技术、人员等方面的保障不到位。资金、技术和人员的缺乏直接或间接导致各地区科研资金支持力度存在差异和系统平台开发难以及时满足线上教学需求。下面将从上述两个方面进行论述。

（一）各地区科研资金支持力度存在差异

由于高校课程思政建设是全国性的，而科研作为推动高校课程思政建设的有力渠道之一，是对高校课程思政建设的重要补充，对于丰富高校课程思政建设的相关理论，打造高校课程思政建设的科研体系具有重要作用。但由于我国经济发展在地区层面的异质性，各个地区对于课程思政建设的资金支持力度是由地方财政支撑力度所决定的。因此，对于经济发达地区而言，政府对于高校课程思政建设的资金支持力度是相对较大的；对于经济欠发达地区而言，政府对于高校课程思政建设的资金支持力度则相对较小。另外，从国家层面的资金支持来看，由于我国地方高校排名存在显著的政治属性，部分归于中央政府相关部委管理的高校在资金支持力度上大于地方性普通高校，这一点进一步拉大了高校之间在课程思政建设资金支持上的差距。

（二）系统平台开发难以及时满足线上教学需求

从技术层面来看，在信息化技术快速发展的时代下，高校在线上教学或者课堂教学系统的使用和研发上都存在显著的差异。考虑到技术的更新、软件的迭代、教师的培训等方面，需要较大人力与物力投入，因此对于相关系统平台

的开发总是难以及时满足课堂教学或者是线上教学的需求。另外，就项目本身而言，项目立项、项目开发、项目管理、项目资金使用等方面是一个周期相对较长的过程，需要大量的管理协调、技术调试，这也直接决定了系统平台开发存在滞后性。高校课程思政建设同样存在上述问题。倘若想打造一套规范统一的、适合全校或者是全地区的高校课程思政建设系统平台，就要求相关部门从机制层面进行优化，尤其体现在过程上，需要简化流程、弱化审批、增强数据贯通性。

三、高校课程思政建设评价体系不完善

高校评价指标多涉及高校的科研水平、学科发展、社会责任感等方面，但对于德育层面的评价却存在一定的缺口。针对目前的高校课程思政建设而言，其在评价机制方面存在待完善的地方，一是高校课程思政建设评价机制不完善，二是教师课程思政建设教学评价机制不完善。

（一）高校课程思政建设评价机制不完善

高校作为课程思政建设的主阵地，对于推动课程思政建设具有重要作用，其承担着培养人才的主要任务。据有关调查显示，教育主管部门对于高校的课程思政建设工作虽有一定的考核，但是考核评价机制并不完善。一方面是因为各学院专业和学科特点不同，学生不同成长阶段的接受能力也不同，因此无法制定合理的评价标准和参考指标；另一方面是因为高校课程思政建设负责人制定的激励措施不到位，高校出台的制度和举措还需要进一步细化和量化。

（二）教师课程思政建设教学评价机制不完善

高校教师课程思政建设教学评价机制是指对教师课堂的课程思政参与的相关情况予以检测评价。其评价的步骤是对课程思政涉及的课堂要素进行逐一整合，逐次衡量各个指标要素是否达到一定的标准。具体来看，这是针对教师课堂上的课程思政建设制定的标准，对于其是否具备课程思政环节，课程思政环节是如何开展的、开展的效果如何进行逐一分析，以此对课程思政的教学效果予以评价。据相关调查显示，部分高校针对教师参与课程思政建设的情况虽然存在一些单一的考核指标和激励措施，但完善的评价机制并未建立起来。在充分考虑地区高校异质性的前提下，评价机制还需要通过研究分析进行进一步完善。

四、外部社会环境的不利影响

外部社会环境对高校课程思政建设同样存在一定的影响，其主要体现在市场化体制改革下强化经济基础优先的思维影响、信息化发展加速的多元文化的冲击效应两个方面。以下将分别从上述两个方面进行分析。

（一）市场化体制改革下强化经济基础优先的思维影响

经济的快速发展对大学生的世界观、人生观、价值观产生一定程度的影响，导致部分大学生更加注重个人价值的实现，而忽略了整体维度的价值。在这种模式下，一些大学生的行为具有明显的利益特征，实现利益最大化才是其奋斗的目标。经济利益追求与正确价值观树立并不相违背，相冲突的是以个人为中心的经济利益最大化的追求容易产生示范效应，使其忽略了作为社会主义建设者和接班人应承担的时代使命和历史责任。据相关调研结果显示，部分教师反映当下这种个人经济利益最大化的社会风气已经开始流向高校校园，部分大学生为了实现个人短期内的经济诉求，占用学习时间进行网络直播，还有部分大学生在经济利益面前过分膨胀，享乐主义、拜金主义的情绪开始占据其生活，出现厌学、沉迷游戏等不良行为。最终导致这部分大学生只重视个人利益，忽略实际情况，出现更多的社会问题和道德问题。因此，这种环境对于高校课程思政建设势必产生不利的影响，部分大学生在课程思政建设过程中会对思政教育内容产生抵触情绪。

（二）信息化发展加速的多元文化的冲击效应

多元文化对高校课程思政建设产生的冲击效应主要是指，西方文化对马克思主义理论的主导地位和权威属性的冲击导致部分大学生的价值观出现选择困难。

1. 导致个人偏向性追求个人利益最大化

一些西方文化是以个人为中心的，追求个人在自由、个性、偏好、独立等方面需求的满足，忽略了个人的批判意识和自省能力，更加忽略了集体的利益，给高校课程思政建设顺利推进造成困难。

2. 制约部分大学生正确道德品质的构建

一是“立德树人”的内涵是培养大学生的大德、公德的，是为共产主义服务的，但是当下多元的文化导致部分大学生对共产主义的信仰产生动摇，认为共产主义在短期内是难以实现的，制约了其道德品质构建。二是多元文化的多元传播途径对正确的道德品质构建的制约。在信息化和网络化时代，多元文化的传播多通过互联网、新媒体等途径，导致大学生在接受碎片化的海量信息的同时，缺乏理解、缺乏分析、缺乏研究进而直接接收，在受到个人情绪的影响时就会产生偏向性的价值观，间接制约了其正确的道德品质构建。综合来看，多元文化对大学生的影响可以直接制约大学生道德品质等价值观的形成，直接对高校课程思政建设产生负面抑制效应，因此如何引导大学生正确区分多元文化，进而有针对性地吸收有价值的文化信息，对于促进高校课程思政建设乃至大学生树立正确的价值观，实现"立德树人"的根本目标具有非常重要的作用。

五、在理念认知上有待进一步深化

（一）少数对"什么是课程思政"的把握不够准确

思政课是思想政治理论课的简称，在当前的本科教育阶段主要包括"马克思主义基本原理概论""毛泽东思想和中国特色社会主义概论""中国近现代史纲要""思想道德修养与法律基础"四门课程，以及"形势与政策"课。但什么是课程思政？这个问题尚未有一个较为权威的或明确的界定。教师大多是根据自己的学识经验从字面上去理解，进而粗略地把握它的内涵。相对来说，人文社科专业的教师对这个问题更易领会，但对于自然科学和工科专业的教师来说，准确把握起来有些难度，概念界定不够明确。

从当前课程思政工作的推进现状来看，各个高校教育教学部门对课程思政概念的认知也有所差异，致使各高校的推进策略不尽相同。有的高校对于课程思政内涵认知全面，可以从学校层面制定较为完善的推进体系，制定切实可行的课程思政实施细则，引导全校各单位积极响应，规范学科专业人才培养方案和课程大纲，鼓励专任教师参与课程思政教学，制定科学合理的评估机制，真正推动课程思政在大学生思想政治教育中发挥作用。但也有高校简单认为课程思政就是开设一门形式新颖的思想政治理论课或综合素养课，或者在几门课程中推动融入思想政治教育元素，甚至有的高校课程思政是"一阵风式的教学理念，配合完成几个动作即可"的敷衍心态，极少数学校出现了"课程思政化"的倾向（不管什么课，都生搬硬套，要求套上"思想政治教育"的外衣），这势必会影响到课程思政的实施和作用的发挥。

（二）少数对"是否要践行课程思政"的认同不够清晰

课程思政是一种新的思想政治教育工作理念，这一理念注重在"授业"中

“传道”，注重“化理论为道德”，让知识承载价值，在传播知识的过程中启迪人生，真正实现“立德树人”。专业课教师若想把思想政治教育内容融入大学生专业学习的各个环节中，尤其是要能渗透到教学、科研和社会服务等各个方面，首先教师自己就必须主动深入地去挖掘专业课潜在的思想政治教育资源，并在传授专业知识和专业技能的同时，积极引导大学生获得道德修养境界的提升和思想政治教育意识的增强。目前来看，这种思想政治教育的理念尚未在高校中形成共识，尚未在所有教育者中入脑入心，更没有转化为教育者的自觉行动。少数专业课教师对思想政治教育理解不深、重视不够，认为只要把专业知识传授给学生就可以了，思想政治教育仅仅是思想政治理论课教师的工作职责，甚至认为那么多高校都有了马克思主义学院，思想政治理论课当然让马克思主义学院的教师来教，没有专业课教师什么事。由于在思想认识上存在问题，因此在教学实践中，在极少数专业课教师的课堂上，知识传授与价值引领存在脱节的情况，思想政治教育在专业课堂中有些“缺位”。

从教学任务分工来说，思想政治理论课的教学是由经过正规教育和专业训练的教师来完成的，课程内容系统而全面。课程思政的教学实施对专业教师的知识储备和教育教学设计等各项能力都有很高要求，如此方能保证专业教学中涵盖的思想政治教育不重复、不教条而富有成效。然而在当前形势下，专业课教师的思想政治素质、思想政治教育意识与能力因学科的不同而有所差异，甚至与期望之间存在着一定差距，很多教师尚不清楚如何才能使自己的专业课教学工作与课程思政改革相结合起来。比如，“大学化学”课程如何践行课程思政的理念，结合点在哪？专业课的教学较为注重系统专业知识的传授，有较为成熟的教学机制但如何融入思想政治教育的内容并没有可以直接借鉴的经验，少数专业课教师存有一定的畏难情绪。总而言之，提高课程思政工作质量，教师队伍是关键，如何使专业课教师在开展思想政治教育的时候能够胜任、善任、乐教、善教，是当前课程思政推进中的重大课题。

六、在实施方案上有待进一步优化

（一）“专业课如何践行课程思政”方法不够有效

从课程的性质和作用来看，思政课程强调的是旗帜鲜明、导向明确、立场坚定，需要的是显性教育；而课程思政则不同，它更多的是一种无声之教，是内隐式的。科学处理好显性教育与隐性教育的关系是确保专业课践行课程思政理念的重要保障。

所有课程都蕴含着丰富的育人资源，都蕴含着人类对自然、社会和人的思维规律的探寻和思索，最终实现人的自由和全面发展。课程思政就是挖掘所有课程的隐性教育资源，传授有温度、有厚度、有热度的知识。所有课程的教师都应树立教学目标与教学内容高度集成与融合的思政教学观，承担起挖掘知识育人功能的责任，提炼课程中所蕴含的文化基因和价值范式。少数高校在专业课中践行课程思政时，一方面习惯性地采用传统的“命令式”“动员式”“快捷式”的做法，要求各门课程在最短的时间内完成课程思政的植入；另一方面在融入思想政治教育内容的过程中，由于学习不够、领悟不够、消化不够，育人资源挖掘不够，开发与设计不足，“剪接拼接”“生搬硬套”“两张皮”的情况时有出现。

（二）“专业课践行课程思政”效果评估不够科学

课程思政将高校的思想政治理论课、综合素养课、专业课等几乎全部课程都包含在内，是一个理念，更是一个过程，还是一种教育目标和教育效果。相对来说，大多数高校都更为注重推行课程思政的理念和过程，对实施效果的跟踪和评估的研究不够。课程思政虽然更注重潜移默化，注重学生精神层面的提升和行为习惯的养成，但并不意味着不需要对课程思政进行评价。评价的目的在于发现课程思政的实施效果及其对学生的影响，以改进课程思政的设计和实施等。

一方面，部分高校在专业课中践行课程思政时，大力宣传这种理念，不断细化各门课程的内容设计与实施计划，却常忽视“效果评估”环节，没有将其列入整体方案。另一方面，部分高校考虑到了专业课践行课程思政的效果与质量问题，但未能设计出科学的评价指标与反馈体系，实施效果主要靠宣传，科学性与精准化都有待继续提升。当前有一些高校开始了课程思政的评价体系建设。复旦大学从学校层面制定考核制度，规范二级单位课程思政建设情况，建立课程思政工作评价体系，将院系课程思政建设质量、内容、成效等工作情况纳入院系教学绩效考核指标体系。也有一些高校针对开展课程思政的专业课授课进行评估制定《课程思政随堂跟踪评价表》，安排督导听课，在“教学内容和表达”环节，对于“能处理好知识传授与价值引领的关系，具有德育意识”“在课程内容中有机融入思政元素”“教学案例举例恰当，有德育元素”等指标进行评分。还有一些高校设置微信评课系统，制定《校领导课程思政听课专项评价表》，设置“课程思政体现情况”相关栏目。可以说，当前在专业教师开展课程思政工作的行政评价和过程评价方面已有所探索，但是如何立足于专业课和思想政治教育两个维度，对教育教学效果进行评价以便及时改进教学工作，构建形式和效果综合考量的科学化评估体系，依旧有待进一步研究制定。

七、在建设合力上有待进一步加强

目前，在课程思政教育体系的构建中，部分高校相关主体的责任落实不够明确，导致专业课教师对思想政治教育的主要要求贯彻相对较为自由；具体运行机制的协同不够，三类课程（思想政治理论课、综合素养课、专业课）之间“各说各话”，不同学院和部门之间“各自为政”，不同主体因为各自工作的职责与目标不一，合力一时难以形成，有时甚至存在“分力”现象。

（一）专业课与思想政治理论课之间尚未真正形成协同效应

习近平指出，其他各门课都要“守好一段渠、种好责任田”，使各类课程与思想政治理论课同向同行，形成协同效应。协同的前提是既要有分工，又要有合作。但部分专业课在践行课程思政理念的过程中，对不同专业课分工的理解不够科学，常以为在专业课中推行课程思政的理念，就是用思想政治理论课的教育要求把专业课进行重新组织，一味地追求思想政治教育的外衣，在思想政治教育功能上呈现出机械式的重复，没有体现出主辅之别，与思想政治理论课相互之间的支撑作用不明显。

在课程思政推进的过程中，作为前提性问题，需要厘清的是在专业课教学中践行课程思政的理念和思想政治理论课之间的关系，即在对学生开展思想政治教育时，专业课教师和思想政治理论课教师之间的分工协作等问题。从理论层面上来看，课程思政实际上是思想政治理论课在专业领域的延伸和拓展，它是基于专业课的内在体系，对思想政治理论课中的一般性原理、要求的深化和具体化。因此，思想政治理论课扮演了为课程思政提供理论滋养的角色，课程思政离不开思想政治理论课的指导和引领。从实践层面的操作关系来看，思想政治理论课不仅要为课程思政提供基本的理论指导，还要为课程思政的设计与规划、具体的在专业课教学中践行课程思政的理念内容的深度开发、具体思想政治理论教育原理的运用、具体的思想政治教育问题的阐释等方面提供支持，而这种支持是课程思政高效运行的重要保证。

在厘清课程思政与思想政治理论课关系的前提下，我们要进一步梳理专业课教师和思想政治理论课教师在思想政治教育中的关系，进而为实现专业课教师与思想政治理论课教师的分工与协作提供前提。在整个思想政治教育体系中，思想政治理论课教师应该扮演支持者的角色，参与课程思政的规划、设计以及教材的二次开发，密切关注整个思想政治教育的状态，对其中的偏离及时做出调整，帮助专业课教师进行教学反思，并为其提供理论支持以及实践层面的答疑解惑。而专业课教师则应立足于自身的专业优势和与学生共同的专业合作平台，对思想政治教育具体内容进行深化，讲深讲透。同时，专业课教师在专业领域的优势往往是思想政治理论课教师所不具备的，这种功能和作用也是思想政治教育走向深入、跳出说教的固定模式所最需要的。专业课教师的教学经验、实践智慧能够为思想政治理论课教师提供素材支持、智慧支持。因此，在实践层面，基于二者的定位，实现互补互通和高度协作就显得非常必要。

（二）专业课相互之间尚未真正形成协同效应

思想政治教育的功能十分丰富，不同的专业课对思想政治教育的支撑作用是不一样的。比如，“工程学导论”可以注重“现实担当国家需要”的情怀教育，“高等数学”可以注重“攻坚克难”的能力建设。思想政治教育的目标较为系统，不同的专业课与思想政治教育目标的关联度也是不一样的。比如，“力学原理”与思想政治教育目标中的“爱国、使命”直接相关，而“大学化学”与思想政治教育目标的直接相关度看起来较小。在与思想政治教育目标和内容相融合的过程中，部分专业课没有深刻到本门课对思想政治教育的独特支撑作用，也没能科学认识本门课与其他专业课在融入思想政治教育的效度差异问题，相互间没有相对较为明确的分工，联动协作较少。

课程思政是高校育人的一项系统工程，任重而道远。高校学科专业划分复杂，专业自身又具有其特有的学科属性与知识体系。这就需要探索课程思政建设方案和指导意见，着力解决培养目标、专业设置、学科发展、课程设置、教学评价、育人效应等一系列问题。高校教师不仅要确立课程思政的教育教学理念，而且要落实到教学大纲、教材、教法、课外拓展等各方面。总的来说，课程思政在理论上还需进一步探索论证，在实践中还有待进一步落实和完善。

第二节　加强高校课程思政建设的对策

2019年10月，党的十九届四中全会指出，要加强和改进学校思想政治教育，建立全员、全程、全方位育人体制机制。这为我国高校思想政治工作今后的工作方向予以进一步明确，也是新形势下高校党委及所有教师在思政教育方面的重要使命。本节在充分分析高校课程思政建设的既有研究文献、高校课程思政建设存在的问题、高校课程思政建设存在问题的原因的基础上，尝试针对加强理念学习，协同育人机制建设，资金、技术、人员保障，评价体系构建，应对外部社会环境的潜在冲击等方面提出建议。

一、强化思想引领，加强理念学习

高校课程思政改革是在高校思想政治工作中对马克思主义基本理论中国化的具体展现，加强高校课程思政建设的前提便是要强化思想引领，持续性地做好课程思政建设教育理念的学习工作，切实让所有的课程思政建设的参与者从政治的高度认识到高校课程思政建设的重要性和紧迫性。

（一）加强习近平新时代中国特色社会主义思想引领

无论是马克思主义基本理论、中国特色社会主义理论，还是习近平新时代中国特色社会主义思想，都是开展高校课程思政建设的理论源泉。在今后持续推进高校课程思政建设的过程中，我们要结合相关理论指导高校课程思政建设这一实践活动。

具体可以从如下三个方面进行。

1. 加强相关理论全面学习

上述相关理论都是完整且严谨的理论体系，是高校思想政治教育的理论基础，充分反映了客观世界、人类社会的本质和规律。各高校党委、各学院管理层、各党组织都应该加强相关理论的全面学习，提升自己在认识事物、揭示事物的本质和规律方面的理论水平，用于指导高校课程思政建设的实践活动。

2. 加强研究探讨交流学习

学习研究不能孤立进行，否则对于指导实践会有不好的效果。各地区、各高校在加强上述相关理论学习的同时，应该增加研究探讨的次数和交流学习的机会。通过研讨会、交流会等形式，分析各个学习者对于高校课程思政建设的不同理解，特别是对于在实践中存在的问题、存在问题的原因、实践路径方面的交流学习。

3. 推进理论创新，增强理论自信

理论创新一直是马克思主义基本理论、中国特色社会主义理论、习近平新时代中国特色社会主义思想永葆青春的重要保证，随着时代的前进和形势的变化，指导实践的理论与实践的协同性会出现一定程度的差异，这便要求我们顺势而为，持续推动理论创新，以此不断指导高校课程思政建设。在推进理论创新的同时，我们还要增强所有参与者的理论自信，对于我们自身课程思政建设中涉及的理论、道路、制度、文化等各方面都应有坚定的信仰和信念。

（二）持续增强高校课程思政教育理念的学习强度

高校课程思政建设对于高校课程思政教育理念的学习支持力度还不够大，在后续的课程思政建设中，要增强高校课程思政教育理念的学习强度，我们建议从学习次数、学习内容、学习方式三方面进行。第一，从学习次数来看，高校课程思政建设领导小组应该在建设方案中明确学习频率，在选定合理的学习团队之后，统筹思政专业管理人员、一线教师人员工作时间，增加学习次数，使高校课程思政教育理念深入人心，筑牢课程思政教育信念。第二，从学习内容来看，高校课程思政建设的学习内容不应该仅仅局限于全国高校思想政治工作会议所提及的内容，应该根据政治、经济、社会形势的变化增加时事内容，通过通俗易懂的课件形式让基层课程思政建设的参与者进行学习。第三，从学习方式来看，既有的高校课程思政建设多以大会集中学习的方式进行，鲜有少数人集体学习的方式，前者权威性更强，但针对性并不强，因为高校课程思政建设涉及专业较多，不同专业针对课程思政建设的难点、痛点都存在差异。而以专业、以党组织为单元开展的少数人集体学习的方式则针对性更强，且学习更具深度。另外，对于学习的具体落实方面，参与者还可以通过互联网线上学习的手段进行学习，形式更加灵活。

二、完善高校协同育人机制

针对各专业课程思政建设协同育人体制机制不完善的问题，本节建议从完善各专业课程思政协同育人生态系统、畅通各专业课程思政协同育人沟通渠道两方面着手推进。

（一）完善各专业课程思政协同育人生态系统

打造各专业课程思政协同育人生态系统核心在于顶层设计，关键在于组织架构，重点在于全面细致。第一，从顶层设计来看，高校课程思政建设领导小组应该针对各专业协同育人方面成立专门办公室，主要制定针对协同育人在育人模式、组织架构、奖惩措施、沟通协调等方面的具体方案。例如，在育人模式上考虑课堂教学与实践的结合，包括论坛、研讨会、辩论赛、社区实践、工厂实习等；又如，在组织架构上，尝试设立分片模式，针对不同专业设定统筹联络人；再如，在奖惩措施上，针对高校课程思政建设中的党纪国法问题予以明确。第二，从组织架构来看，应充分明确高校课程思政建设协同育人成立的组织架构应具备何种职能性质，明晰边界条件，避免交叉管理和重复工作。第三，从全面细致来看，生态系统必然要求全口径下的全覆盖，针对高校这一独立的课程思政建设主体而言，该协同育人生态系统应该覆盖到高校党委、团委、学院领导、学院思政工作者、学生干部、宿舍管理员等人员，覆盖到包括体育课、实验课、试听课、讲座课在内的所有课程，覆盖到学校食堂、学校医院、学校安保、学校超市等方面。

（二）畅通各专业课程思政协同育人沟通渠道

畅通各专业课程思政协同育人沟通渠道主要体现在课程协同、教师协同、管理者与教师协同三方面。第一，从课程协同来看，主要是课程内容的协同育人。高校课程思政建设要求的思政元素应符合高校思想政治理论课的要求，因此专业课课堂上所需融入的思政元素应该与思政理论相一致。另外，不同专业的课程内容的协同应避免彼此内容相悖、内容重复，应相互支撑、相互融合。这一点主要是针对逻辑性较强的理工科课程而言的。第二，从教师协同来看，一是针对大班授课导致的低效性，建议同专业的教师可以在课程思政建设上予以合作，通过分工细化，将大班课改为小班课或者利用互联网工具制定线上课程，对学生设定登录权限，使学生分批上课，全力弱化大班上课导致的低效问题。二是针对不同专业的教师而言，加强交流合作，推动信息共享，拓展课程思政建设实践渠道，充分满足不同专业的大学生对思想政治教育不同层面的实践需求，减少其对课程思政建设的抵触情绪。同时在课程内容改进和监督方面，不同专业教师思路存在差异，加强交流可以拓展思路，丰富学生学识。第三，从管理者与教师协同来看，主要是搭建在生态系统内，用于教师与教师、教师与管理者、教师与课程、管理者与课程之间的沟通平台，这种平台主要是线上的互联网平台，但需要同时涵盖计算机终端、移动终端。

三、加大资金、技术、人员等方面保障力度

研究表明高校课程思政建设过程中资金、技术、人员等方面均存在缺口，本节建议从合理加大资金、技术保障力度，适度加大教师培训强度两方面入手推动高校教师的课程思政建设能力提升。

（一）合理加大资金、技术保障力度

通过健全制度体系来充分释放教师团队的潜力主要是指，完善制约高校教

师素质能力提升的体制机制，主要包括加大资金、技术保障力度。第一，从资金层面来看，资金是保证课程思政建设推进的重要因素，可以通过设立课程思政建设专项资金、专项账户、专门管理人员，对于课程思政项目立项、技术研发、人员抽调等方面予以大力支持。通过资金方面的支持，高校教师就可以根据个人需求、个人偏好有针对性地开发适用于课程思政建设的教学体系和教学内容。不同高校之间、不同学术团体之间可以增强交流、加强合作，提升课程思政建设的正向促进效用和影响力。在资金的使用方面应该设立一个公开透明的监管机构，避免因为资金使用不当对课程思政建设造成不利影响。第二，从技术层面来看，课程思政建设不是单一专业开展的，需要高校多部门、全方位的协同合作，因此在当下的信息时代，更加需要信息通信技术等方面的支撑，以解决在思政课程开发、远程视频授课、思政团队教学交流、课程思政建设会议召开等方面低效率的问题，避免因为技术原因制约课程思政工作的开展。当然，加大技术保障力度，同样是需要资金层面的支持的，但更需要的是得力的团队来操作，因此需要相关管理部门统筹规划、加强协调。

（二）适度加大教师培训强度

高校课程思政建设是一个长久工程，需要各方面力量积极协作配合。高校思想政治教育管理层和思想政治专业教师应充分发挥各自效用，推动建立针对高校所有一线教师的思政层面的培训机制，全面提升教师的思政教育教学水平。第一，提请高校党委充分研究，明确要求建立并完善全方位、多层次的教师培训与发展体系，教育引导专业课教师围绕落实“立德树人”这一根本任务，把教书和育人结合起来，不只做传授书本知识的教书匠，也成为塑造学生品格、品行、品位的“大先生”，主动参加学校举办的思政教育层面的课程培训和讲座。第二，在常态化培训机制上，应成立相关的管理部门，管理部门下设办公室，统筹所有开展常态化培训的协调事宜，组建课程思政建设的教学共建团队，形成课程思政常态化研讨培训体系，积极邀请本校马克思主义学院或者是其他高校马克思主义学院的思政课教师进行指导和培训。第三，以课程思政建设为主线，在参加理论学习之后，高校应积极组织受训教师参加实地调研、现场考察、案例分析，以此提升受训教师的教育教学能力，对于理论学习和实践考察均合格的教师发放结业证书。之后，高校针对各教师建立培训档案，规定马克思主义学院思政课教师为联络人，对于之后课程思政建设中有关课程内容的疑问，负责解答和提供咨询。

四、优化高校课程思政评价体系

高校课程思政评价标准及体系并不完善，主要是针对课程思政顶层设计及教育教学评价两方面。高校应出台相应的制度和举措，把课程思政建设评价工作落细、落地、落实。

（一）加大基础研究，加强顶层设计

科学评价高校课程思政建设效果是促进高校课程思政建设的重要保障，对于不同地区、不同高校的课程思政建设有推进作用，有利于上级组织对基层建设情况进行掌握，也有利于各地区、各高校认清自身在高校课程思政建设方面取得的成绩及所处的位置。对于建设水平排名靠前的地区和高校，可以进行典型经验分享；对于建设水平排名靠后的地区和高校，可以令其积极解决在建设过程中存在的问题。总体来看，由于各地区、各高校课程思政建设存在的地区特征和高校特征，即存在显著的异质性特征，因此建立一个适用于所有地区和高校的评价体系的关键是推动基础研究，积极探究开发新的评价方法，核心是加强顶层设计，通过顶层设计给出评价方向，明晰边界条件，统筹沟通协调。

（二）依托学校平台，优化教育教学评价

推动高校课程思政建设评价体系建设的另外一个重点是推动教育教学评价体系的优化。教育教学评价体系事关高校一线教师的荣誉，需要正确积极认定。一方面通过对涉及思政内容的教育教学评价可以对教师灵活变通能力、政治觉悟水平进行考核摸底；另一方面需要构建合理的评价体系来对教师形成正向激励作用，推动高校教师积极认真地开展高校思政建设工作。具体来看，应积极推进课程思政评价体系的完善，将课程思政成效纳入考核评价体系，强调把增强学生的爱国情怀、法治意识、社会责任、人文精神与教师绩效考核挂钩，通过绩效指标向教师传递学院课程思政的要求与导向，引导教师实现观念与行动的双重转变。

五、积极应对外部社会环境的潜在冲击

单一追求经济发展和多元文化对高校课程思政建设存在一定的负面影响，各高校应该提前谋划、积极应对外部社会环境的潜在冲击。本节从建立合理规范的风险防范机制、开设相关课程与加强正面引导两方面提出策略建议。

（一）建立合理规范的风险防范机制

大学生存在的思想道德风险多集中于信念动摇、脱离实际等方面，导致其自我约束力较差、生活能力较差，无法形成有效的常态化应对措施。为了降低大学生出现道德风险的概率，高校应针对单一追求个人利益最大化及多元文化的冲击效应，建立合理规范的风险防范机制，具体包括领导机制、管理机制、落实机制、评价机制四方面。第一，在领导机制方面，高校党委应担起主体责任，亲力亲为，深入高校课程思政建设一线调研、座谈，制定防范机制建设方案。第二，在管理机制方面，高校教务处、各职能部门、各二级学院要明确自己在防范机制中的定位，并形成有效的管理机制。第三，在落实机制方面，教务处、各职能部门、各二级学院要从本职工作出发、从学校和学院实际出发、从学生角度出发，真正将防范机制的各项要求落到实处。第四，在评价机制方面，坚持“立德树人”的指导理念，制定将教师融入思政元素后的教学质量与学生个人成长发展为主要内容的评价标准，并对水平较高的教师予以奖励，形成正向激励。

（二）开设相关课程与加强正面引导

开设相关课程，加强正面引导主要针对外部社会环境中潜在的影响，专门开设相关课程，主要目的是将冲击的基本特征、内涵及潜在影响向大学生进行说明解读，帮助大学生充分认识到外部社会冲击对其今后发展的影响，使其主动认清外部冲击的不利影响，积极投入校园学习活动中，切实通过学校的教育来提升自己的能力水平，真正做一个有利于社会的人。第一，建设跨学科科研团队，针对外部潜在的环境冲击第一时间进行捕捉分析，制定研究课程，开展讲解工作。第二，组织成立学校社团，在学校党委、团委的正确领导下，积极组织社会实践活动，引导学生参与其中，谋求通过社会实践帮助学生认清外部冲击的不利影响，树立正确的世界观、人生观和价值观。第三，利用信息技术手段，通过线上平台、线下活动“双管齐下”，增加对大学生的引导频率，扩大对大学生的覆盖面。

六、开展引好源头活水的顶层设计

课程思政就是把思想政治教育要素带到知识教育价值理念和课程教学实践思维中，引好源头活水，重点在于顶层设计。高校党委在课程思政建设中发挥核心领导作用，在顶层设计中运用系统论的方法，自上而下，由表及里，从全局的角度对课程思政建设的各方面、各层次、各要素统筹规划，建立行之有效的领导机制、保障机制和评价机制，以集中有效资源来高效落实课程思政建设。

（一）建立课程思政领导机制

建立课程思政领导机制，确立以高校党委为领导核心的课程思政专项领导组织，落实责任主体，确保课程思政是一次自上而下的教育改革。高校党委对课程思政的主观认识和客观落实至关重要，其通过系统的理论和经验学习，对课程思政理念的实践意义有理性认知，将课程思政教育理念内化于心，外化于行。高校领导集体要牢固树立课程思政意识，表明课程思政决心，转变各专业教师思想观念，带动全员积极投入课程思政的建设中来，让课程思政成为新时代下高校思想政治教育工作的重要抓手。

1. 明确高校党委的主体责任

习近平强调："高校党委对学校工作实行全面领导，承担管党治党、办学治校主体责任，把方向、管大局、作决策、保落实。"高校党委统领课程思政全局，一方面要做好顶层设计，另一方面要以身作则。高校党委是课程思政建设的责任主体，认真落实高校"立德树人"的根本任务，提高思想认识水平，自我消除对高校思想政治工作实施主体的认知偏差，自我剔除思想政治教育只能由思想政治理论课来完成的错误认识，自我吸收全员、全程、全方位参与思想政治教育的科学思想。高校党委要积极做课程思政理念的方向标，增强理论自信，提高理论自觉，把课程思政的理念融入思想政治教育工作理念体系中。高校党委要在习近平新时代中国特色社会主义思想的指引下，通过认真学习党的十九大报告、全国高校思想政治工作会议重要讲话、全国教育大会重要讲话等，认真贯彻党和政府颁发的一系列教育文件。校级领导要积极参与课程思政的备课、听课、授课，走进学生课堂，为学生传道授业解惑，进而有步骤地引导和影响课程思政理念融入人才培养体系，融入管理体系，融入教育教学体系。

2. 强化高校党委的集中统一领导

以高校党委书记为第一人的各级党委要做好理念先锋，在统一领导下进行自上而下的贯彻落实，从校党委到院系党支部再到党员教师，形成课程思政工作领导小组，经常性召开课程思政研讨会议，落实课程思政教育精神，充分发挥基层党组织的先锋作用，构建"校党委—基层党组织—党员"相互贯通的联动工作体制。通过党建形式调动各级部门及组织的学习积极性，把激励机制与课程思政参与度与贡献值挂钩。全党开展"不忘初心、牢记使命"主题教育，高校党委可借此契机，要求各级党组织举办主题教育活动，结合高校办学方向和教育理念，结合各院系的教学目标和课程规律，追溯教育的初心，加强课程思政理念的深化，用理念形成带动实践创新。例如，燕山大学党委在“不忘初心、牢记使命”主题教育过程中，紧紧围绕“立德树人”根本任务，把为党育人、为国育才作为学校开展主题教育的着力点和突破口，紧紧抓住课程思政教育教学改革的重点问题。

3. 转变各专业教师的教学观念

理念进头脑、入人心，方能促实践。教师是课程思政的践行者，从质疑课程思政理念到认识课程思政价值再到树立课程思政意识，这个过程是对教师育人职责不断强化的过程，是对教师德育能力不断提出高要求的过程。高校党委要做好专业教师的思想工作，明确教师队伍在课程思政建设过程中的角色认知和定位，要在根本上转变教师对课程思政认识的偏差，要让教师重新审视教书和育人的职业责任，引导教师接受和参与课程思政教学改革任务，提高教师的课程思政意识，发挥教师的主观能动性，使其认识到课堂教学加入思想政治教育元素的重要性。根据不同专业特点，组织教师集中学习和研讨实施课程思政的试点课程，共同探索思政教学等相关事宜，激发专业课教师的主动性和创造力，达到教师普遍接受课程思政理念并积极参与建设的效果。燕山大学在课程思政教育教学改革中为了防止专业课教师对课程思政存在理解偏差，专门研究发布《燕山大学课程思政教学研究与改革项目申报指南》进行指导，更有效地推进了课程思政建设。

（二）建立课程思政保障机制

确保课程思政建设的顺利开展，建立健全保障机制，需要搭建保障平台，制定保障制度，并提供充分的人力保障。在这些方面下功夫、抓实干，为课程思政盖好房、铺好路、架好桥，方能事半功倍，保障课程思政建设的常态化运行。

1. 平台保障

课程思政需要的平台是一个“合唱”而不是“独唱”的现实平台，要保障课程思政平台能够调动参与者的积极性，充分发挥参与者的主观能动性，定期举办由校级到院系级的经验成果交流会，搭建课程思政示范课建设平台。同时，课程思政需要的是一个共商、共建、共享的网络平台，教师、学生可通过网络平台共享线上资源，为各类课程教学创建平行交流的机会，保障教师之间无障碍沟通学习，师生之间无障碍互动交流，搭建课程思政信息共享空间，实现资源共享，活跃课程思政实践氛围。

2. 制度保障

课程思政制度建设目的在于规范课程思政的实践运作，展示课程改革的决心。高校要做好制度保障，组织专门人员起草课程思政实施方案，为课程思政量身拟定管理制度、监督制度、考核制度等，并经过校党委批准实行，确保课程思政相关制度的严格落实和执行，力保在课程思政建设过程中出现的相关问题都有相关制度的指向和说明。通过课程思政专项制度建设，管理和规范课程思政的实行力度和工作部署，监督课程思政的实施进度和成效，切实保障课程思政建设的顺利进行。

3. 人力保障

课程思政建设需要全员的参与和努力，从校党委书记到每一位教师都要积极参与，每个人都是潜在的人力资源。高校构建课程思政的人力保障机制，需要打造一支优质的课程思政教师队伍，通过专项培训和党课、团课教育加强对教师思政能力的建设，充分把思想政治理论课教师的思政优势展现出来，并与其他专业课教师建立一对一互助小组，共同推进课程思政建设。高校要把课程思政建设的任务和责任落实到位，确保每一位教师能跟上建设队伍，不掉队、不拖沓，确保每一位教师为提高思政学习能力和业务水平而不断努力，确保每一位教师在课程思政建设中认识自我、挑战自我、发展自我，确保教师队伍的质量与课程思政的效果成正比。高校要号召全体教师积极投身于课程思政建设，可以将参与课程思政工作的情况与教师的年终考核、职称晋升、职务调整、工资待遇挂钩，设立课程思政专门奖励激励机制，形成推进课程思政建设的良好氛围。

（三）建立课程思政评价机制

课程思政评价机制是高校对课程、教师、学生三个环节的课程思政成效的评价机制。立足学校办学定位、基于人才培养特色、针对学生思想特点，有的放矢地制定评价标准，是保证课程思政实施效果的一个重要原则，需要从院系创新成果、教师课堂教学效果、大学生思想动态等方面进行客观反映。

1. 对院系课程思政建设状况的评价

高校要形成对院系课程思政建设的评价体系，评价内容可以包括各院系领导小组对课程思政的部署文件和建设目标、参与课程思政改革的课程数目、参与课程思政改革的教师人数等，组织院系负责人及教师做阶段性课程思政实践进展的报告，组织专项小组进行课程改革成果检验，形成有效的评价材料，对院系进一步推进课程思政改革提出意见和建议。

2. 对教师课程思政教学能力的评价

对教师课程思政教学能力的评价应包括以下内容：教师研究把握学生思想状况的能力、教师课程与教材设计开发能力、教师在课程思政方面的教学与管理能力、教师对于课程思政的评价能力、教师的反思与发展能力等，通过各种方式和途径对教师上述能力进行考核和评价，依据评价结果有针对性地督促、激励教师补短板、找差距。例如，高校可以建立课程思政试点课程的督导小组，定期听课，了解、考核课程思政课堂教学情况。课程思政课堂教学考核内容包括专业课程思政元素的融入、挖掘情况，思政元素与专业内容的融合状态，课堂教学效果等。督导小组要及时做出听课评价，对于教学效果表现突出的给予高度评价，并以示范课的形式进行宣传，激发教师的积极性和创造性。对于教学效果有不足之处的课程，督导小组要给出中肯的评价并提出建议，增强教师进行课程思政改革的信心。

3. 对课程思政影响大学生思想动态的评价

课程思政的成效最终还是要落实到大学生这一群体上，对大学生思想道德修养与法治素养的影响是考核、评价课程思政效果的最重要的一个步骤。课程思政有序开展，大学生通过课堂教学所产生的思想和行为变化，反映着课程思政的教学效果。高校在现有课程考核评价方式的基础上，要增加课程思政对大学生思想道德修养与法治素养影响的考核评价内容。第一，通过课程考核进行评价。在课程考核内容中加入对相关思政元素的考核，例如，对专业课程体现的对学生价值观引导方面内容的考核，对学生专业素养等方面内容的考核等。第二，通过问卷调查方式进行评价。采取问卷调查方式，了解大学生思想动态以及课程思政对大学生思想道德修养与法治素养提升的影响，调查范围应覆盖全校本科生及研究生，并保证调查的持续性，动态追踪学生的思想状况，掌握大学生在不同阶段的思想特点，进行统计类比，其结果是对课程思政建设效果进行评价的重要依据之一。

七、推进润物无声的课程建设

课程思政的实施重点是课程，专业课是课程思政的主要载体，做好课程改革建设是课程思政的中心任务。思想政治教育要春风化雨，润物无声。高校要着力打造课程思政课程体系，融合设计课程思政教学内容，科学制定课程思政教学方法。

（一）着力打造课程思政课程体系

课程体系是人才培养目标和高校办学使命的内在反映，是知识传授、技能培养、价值塑造有效途径。课程思政所提倡的课程体系是不同课程的融通体系，是各类课程的衔接体系，是全课程同向同行的育人体系。课程思政式的课程体系是以培养人和发展人为出发点的，重点在于发挥课程对大学生价值引领的作用。

1. 打造不同课程的融通体系

课程的设置及安排需依据不同院校的办学特色，高校在发挥独特课程优势的同时，还要带动各类课程融通思想政治教育。遵循课程内在逻辑体系，掌握不同年级学生的认知与需求特点，通过课程融通，既减少教学内容与活动的简单重复而导致的资源浪费，又重点关注学生学习的兴趣与成长成才的需求。正视思想政治理论课的主导价值，借助思想政治理论课程提高其他课程的思想政治教育的能力。专业课做好思想政治理论课的补充和巩固育人工作，综合素养课做好思想政治理论课和专业课的贯通以及深入的育人工作。专业课和思想政治理论课程融入思想政治理论课的教学内容和教学方法，思想政治理论课融入专业课的历史成果和科学品质，不同课程的联系日益紧密，从而打造牢不可破的融通体系。

2. 打造各类课程的衔接体系

思想政治理论课要发挥主渠道作用，其他各类课程要“守好一段渠，种好责任田”。思想政治理论课的功能在于讲授马克思主义基本原理及其中国化的理论成果，讲授党的路线、方针和政策，致力于帮助学生树立正确的世界观、人生观和价值观，具有鲜明的政治属性和服务功能。综合素养课具有“通识”“博雅”“全人”三方面功能，对于人格塑造与德行发展有着特别重要的意义，鼓励学生结合自己实际跨学科、跨专业自由选课，充分发展个性，鼓励学生从自己兴趣出发自主选课，从而增强学生学习主动性，全面提高素质。专业课的功能在于培养专业性人才，着重于专业素养的养成。打造思想政治理论课、综合素养课和专业课三位一体的衔接体系，在各类课程都进行思想政治教育的连续效应下，对大学生的思想品德和“三观”教育形成良性的、可循环的课程体系。

3. 打造全课程同向同行的育人体系

思想政治理论课与其他各类课程同向同行、共同发力，形成育人大格局。高校在课程思政建设过程中，统一“立德树人”的目标要求，保持正确方向，明确各类课程的育人责任，提高思想政治理论课的亲和力，综合素养课的育人力，专业课的渗透力，所有课程在教学理念和目标上保持一致的价值追求，用中国特色社会主义理论体系和社会主义核心价值观武装大学生的头脑。全课程在课堂教学上保持一致的行动方向，殊途同归，坚持社会主义办学方向，坚持培育社会主义合格建设者和可靠接班人。全课程以人为本，从学生出发，在全课程同向同行的育人体系中协同育人。

（二）融合设计课程思政教学内容

习近平提出，教育要引导学生形成“四个正确认识”，即“正确认识世界和中国发展大势、正确认识中国特色和国际比较、正确认识时代责任和历史使命、正确认识远大抱负和脚踏实地”。这“四个正确认识”规定了课程思政的内容范畴，应据此融合设计课程思政教学内容。

1. 挖掘思想政治教育资源

不同类别的专业课程蕴含着不同的思想政治教育资源，一部分主要来自不同专业的教学教材，根据不同学科的教学大纲和教学目标的要求，编制教材时会直接或间接加入价值观导向的内容，是比较容易挖掘的思想政治教育资源。另一部分是隐藏在课程教学的过程中的，需要细心发现和认真挖掘，由此也佐证隐性思想政治教育资源的开发难度较大。挖掘专业课的思想政治教育资源，必须系统规划各个专业院系重视并实施专业课的思想政治教育资源的开发，激发专业课教师的积极性、主动性和创造力，把专业课程的教材吃透，深度挖掘隐性思想政治教育资源，将教学内容与思政元素相结合，形成质量高、看得见的资源利用成果。

2. 将思想政治教育元素融入专业课教学内容

将新时代思想政治教育目标及内容融入专业课教学中，让专业课教学体现新时代思想政治教育目标，在教学内容中融入马克思主义世界观、人生观、价值观教育内容，将习近平新时代中国特色社会主义思想融入专业课教学大纲。各专业课要找准融入点，有序推进，逐步展开，把中国特色社会主义的制度自信、理论自信、道路自信和文化自信传递给学生，切实培育和践行社会主义核心价值观。对于专业课的教材建设，要重点筛选思政元素含量高，资源开发潜力大的教材。教材中所包含的思政元素会直接影响到专业课进行思想政治教育的发挥程度。依据教材编写教学大纲、教案，需要把专业相关理论、政策、人物、精神、品质等融入其中，与专业教学发生反应，达到课程育人的效果。比如，上海外国语学院将外语专业教育和思想政治理论教育结合在一起，“中外时文选读”教学篇目不仅有《泰晤士报》《华尔街日报》等西方媒体的专家文章，还有国家重要领导的国外演讲等内容。

3. 将思想政治教育元素融入综合素养课教学内容

综合素养课本身具有通识教育的内在要求，但是综合素养课的发展现状导致其一部分育人功能的缺失。高校要搞好课程思政的建设，就要重拾综合素养课的教育信心，调整综合素养教育体系，在综合素养课教学任务的执行过程中，重点围绕习近平新时代中国特色社会主义思想，党史、国史、改革开放史、社会主义发展史，中华优秀传统文化等设定课程模块，开设一系列课程，要着重突出综合素养课的育德使命。很多高校开设“中国系列课程”，这类课程的增设立足中国实践，讲好中国故事，以家国之奋斗历史，提升学生之爱国情怀。

（三）科学制定课程思政教学方法

通过课程思政明确赋予一般的知识教育课程以价值引领、思想教育的功能之后，我们又必须很好地把握思想教育不同于一般知识教育的特点和规律，要做好课程思政建设，就要遵循思想政治教育规律，科学制定教学方法。对课程教学方法的探索，高校要考虑多方面因素，方法的改进来自现实的需要。

1. 分析实际情况，制定有效方法

分析当代大学生的成长环境和思想特点，制定从学生出发的教学方法。当代大学生的成长环境是极具变化的，日新月异的科技发展，新鲜事物层出不穷，大学生受外部环境的影响也越来越大，形成了鲜明的思想特点和性格品质，随着个体意识的不断强化，总体思想道德水平是走上坡路的。创新课程思政教学方法，应关注学生的个性特点，针对学生的思想实际及其所关心的问题展开，既有总体上的漫灌又有因人而异的滴灌，更多地采用学生所喜闻乐见的话语方式和教学方式。

2. 丰富教学形式，串联教学方法

打造第一、第二课堂串联式教学方法。第一课堂是课堂教学的主阵地，授课方式以话语转换为突破口，以问题呈现和解决为中心，以学习兴趣为依托，在师生互动和探讨中推进知识传递，充分利用翻转课堂、开放教学等教学形式，从而促进教育教学质量整体升级。第二课堂是课题教学的知识延展和深入，是隐性教育的重要途径，可以是通过传递主旋律的教育主题讲座及其他课外活动形式的教育，也可以是来自校园文化活动和社会实践等教育平台的教育，都可以作为丰富课程思政的教学形式。第二课堂的思想政治教育的可塑性高，自由发挥的程度也比较高，需要引领正确的价值方向，鼓励其与新时代、新政策、新热点相结合，成就有影响力的校园主题教育活动。第一、第二课堂的配合协作，在理论与实践相结合的过程中提高大学生的实践水平和创新能力，引导大学生进行正确的价值判断和价值选择。

3. 借助网络力量，合力进行教育

充分利用新媒体等互联网创新方式，营造线上与线下“合力”的教学方法。搭互联网的“顺风车”，线上的教育资源打破线下教育的局限，教育资源和教学成果的共享，让慕课走进课堂，把新媒体的影响力有效发挥在课上和课下来进行思想政治教育。学习软件的开发、信息渠道的打通、思想动态的监管，都可以通过互联网手段实现，学生对线下课堂教学有问题可以通过线上与教师直接交流，互联网的发展拉近了教师与学生之间的距离。高校要利用好新媒体教学新手段，满足互联网教学平台设施的需求，做好网络思想政治教育价值引领。

八、打造一流水平的教师队伍

教师队伍一直是教育事业的主心骨、承重墙，承担着重大的教书育人使命。在课程思政的建设中，教师队伍是课程思政的主要实施者，所以必须要明确各专业教师的定位，打造一流水平的教师队伍。

（一）思想政治理论课教师引领课程思政方向

思想政治理论课教师在教师队伍中引领课程思政方向。思想政治理论课教师在讲好思想政治理论课的同时，还要在课程思政中发挥好引领作用，对其他专业教师的理论素养、政治修养、实践教学三方面进行引领。

1. 在理论素养上做好引领

思想政治理论课教师要引领各专业教师以马克思主义为指导，要真学、真懂、真信、真教马克思主义理论及与其一脉相承的发展体系——中国化马克思主义理论，更好地让思想政治理论课教师发挥思想政治教育在理论素养上的引领作用。第一，打铁还需自身硬，要重视对思想政治理论课教师的理论基本功的培养，鼓励思想政治理论课教师积极参加学术交流活动，增强自身理论功底和知识素养。第二，在课程思政建设过程中，思想政治理论课教师做的是显性思政，在与各专业教师的思想交流和碰撞中，要善于运用马克思主义哲学的世界观和方法论，接受差异，互相尊重，以理服人。

2. 在政治修养上做好引领

前有“革命理想高于天”，后有马克思主义信仰、共产主义远大理想，这是思想政治理论课教师在课程思政建设中需要具备的政治引领作用。第一，要让思想政治理论课教师做教师队伍中的理想信念之师，就必须要对思想政治理论课教师的思想政治立场严格把关，通过谈话、主题教育等途径，让思想政治理论课教师真正做到“在马信马、在马言马”，提高其政治修养，促使其言传身教，在教师队伍中做坚定的马克思主义引领者和传播者。第二，思想政治理论课教师带领其他教师研读中国特色社会主义理论，要自觉将习近平新时代中国特色社会主义思想装进头脑，可以举办课程思政专项教师交流会。思想政治理论课教师一定要把握住课程思政的政治方向，引导其他专业教师在中国共产党的领导下，增加育人环节的参与度，积极投身到专业课的课程思政建设中来。

3. 在实践教学上做好引领

以德立身、以德立学、以德施教，这是对思想政治理论课教师的专业要求。在实践教学中，思想政治理论课教师要用自身的专业素养和人格魅力来感染各专业教师，把理论知识转变为行动力量。思想政治理论课教师是大学生建立人生理想和实现人生目标之师，要善于利用好材料和名人事迹来感化和激发学生的信仰认知，使其坚定信念，矢志不渝。在大学生人生寻找定位的阶段，思想政治理论课教师要给学生以方向，传递给学生“地上满是六便士，我却抬头看见了月亮”的理想感悟，以及“生命在于奋斗”“幸福是奋斗出来的”的人生追求。思想政治理论课教师的实践教学可以为其他专业教师实施课程思政提供教学方法和育人方式，引领全课程教师共同为培育有理想、有道德、有文化、有纪律的学生而努力。

思想政治理论课教师的责任和使命、话语和行动，是整个教师队伍进行课程思政建设的实践方向，高校要高度重视思想政治理论课教师的成长和发展，保持思想政治理论课教师在课程思政建设中的引领作用。

（二）综合素养课教师强化课程思政水平

综合素养课教师可以说是课程思政的强化剂，表现在强化大学生发展的价值取向上，要加强综合素养教育的育人职责。综合素养课教师要提升课程思政水平，使思想政治教育与综合素养教育达成育人共识，有质量地提升综合素养课的思政水平。

1. 解决不同文化、不同领域冲突问题

一方面要引领大学生尊重不同文化，欣赏其他文化的长处，加深对本土文化的认同。例如，在英语课程的外国电影赏析课上，教师对电影表达的情感和精神做分析引导。另一方面要引领中国特色社会主义文化自信，杜绝“长他人志气灭自己威风”的文化取向，要展现中国优秀传统文化的独特魅力。例如，在体育课程中，教师要传播具有中国特色的体育文化，宣传体育竞技精神，增强体育荣誉获得感，让学生在体育训练中感受运动的快乐，同时达到强身健体的效果。

2. 从兴趣出发，激发学生学习热情

综合素养课教师要从学生的兴趣出发，激发学生的学习热情，最终帮助学生塑造完整的价值体系。综合素养课涉及的课程类型较多，除了必修的公共课之外，学生通常会按照自己的兴趣爱好选择选修课。综合素养课教师在满足学生兴趣之外，还要了解学生的想法和需求，以学生思维抓教学重点，把文化价值观更好地融进教学中，让学生乐于学，并且在做中学。综合素养课教师要对教学目标有清醒的认知，以综合素养教育的魅力渲染思想政治教育。

对于综合素养课的教师群体建设，要加强教师的思想育人本领，还要加强教师的课程思政意识。综合素养课教师在提升自身的政治素养和理论素养的同时，还要言传身教，尊重学生作为受教育者的主体地位，关注学生成长所需，了解学生话语体系，不断创新教学方法，让思想政治教育通过综合素养课在学生中内化于心、外化于行。

（三）专业课教师提高课程思政能力

专业课教师是“守好一段渠、种好责任田”的重要参与者，是课程思政建设的主力军，他们的思政意识、思政素养和思政能力对于课程思政教学改革的成功至关重要。把专业课也能上出些“思政味儿”是专业课教师的价值归宿。人文学科和理工学科的专业课教师在课堂教学中需要依据专业特色，扎实推进专业素养教育和职业品德教育。不同于思想政治理论课教师，专业课教师对于课程思政实际上具有较大的自由裁量权，对于讲什么、讲多少、如何讲、采用什么话语方式、运用什么教学方法和手段等方面都有较大的选择空间。

1. 人文学科教师提高思政能力

文、法、史、经济学的专业教师，总是离不开中方和西方的思想交织，面对的课程理论多是移植于西方国家的相关理论，夹杂着一些资本主义意识形态的成分。人文学科专业课教师在授课中要分析不同意识形态的思想特性，保持理性客观的头脑，在西方资本主义知识体系和中国特色社会主义知识体系中求同存异，做好价值深化，利用好专业课潜在的大量思政资源，充分利用东西方的文化差异，传递中国教育的美好前景和中国社会的伟大蓝图。比如，中国精神、民族精神和时代精神的培育是鼓舞和推动大学生不断前行的精神力量，鼓励更多大学生弘扬中国精神，发挥创造活力，激发使命担当，践行报国之志。又如，社会主义核心价值观的培育是引导学生“扣好人生的第一粒扣子”，恪守专业精神，有所为有所不为。

2. 理工学科教师提高思政能力

理工科教师本身具有较强的理性情感和逻辑思维，在教学过程中有自己的教学风格。理工科教师一要树立自身的思政意识，二要开发课程的思政功能，让学生在学好本领的同时学会做人，三要突出培育科学精神和创新精神，加强社会主义核心价值观引导，把专业精神传递给学生，加固对自我价值与社会价值的统一。例如，机械专业可以讲述工匠精神，计算机专业可以讲述科技竞争力，医学专业可以讲述救死扶伤，环境化工专业可以讲述生态文明，增强职业荣誉感，此外还需注重对学生科学思维、严谨求实精神的培育等。

专业课教师要树立课程思政信心，转变教育观念，积极投身于课程思政建设，在专业课堂上因材施教，循循善诱，把专业性质与思政内容相联系，阐明职业操守，为学生奋斗的青春做好思想指南。

第四章　高校课程思政与思政课程的协同模式

本章的主要内容是高校课程思政与思政课程的协同模式，我们主要从高校课程思政与思政课程的协同模式的理论诠释、高校课程思政与思政课程的协同模式构建的有益探索以及高校课程思政与思政课程的协同模式构建的现实困境与路径三个大方面进行探究，期待能更好地挖掘有效的协同发展模式。

第一节　高校课程思政与思政课程的协同模式的理论诠释

思政课程是对大学生进行社会主义核心价值观教育，推动高校落实“立德树人”根本任务的核心课程。课程思政旨在将思想政治教育有机融入各门课程的教学和改革中，以实现知识传授与价值引领的有效结合，实现“立德树人”的“润物无声”。两者之间的协同有利于落实高校“立德树人”的根本任务，实现全员、全程、全方位育人。对课程思政与思政课程协同模式进行研究，要从理论依据上把握课程思政与思政课程的内在关联，认清课程思政与思政课程协同的现实意义。

一、高校课程思政与思政课程的内在关联

课程思政与思政课程都是高校进行思想政治教育的重要途径，二者之间关系密切，在高校实现“立德树人”问题上相互促进，相互补充，共享发展。思政课程从狭义上来看，就是高校的“4+1”课程，即四门必修课加上“形势与政策”课。课程思政就是高校所有课程都要发挥育人作用，所有教育者都要承担育人责任。因此，课程思政建设就是要挖掘各类课程的思想政治教育资源，用好课堂教学这个主渠道，促进包括综合素养课、专业课在内的各类课程与思想

政治教育有机融合，推进所有教师教书与育人相统一，将思想政治教育贯穿于教育教学全过程中，构建协同、有效、有力的思政教育大格局。课程思政与思政课程之间关系密切，二者之间既有区别，又有一致性。就区别而言，课程思政与思政课程虽然构词相似，但是内涵不同。具体而言，思政课程是高校对大学生进行思想政治教育的具体课程，是高校落实“立德树人”根本任务的关键课程，是一种显性教育。课程思政是整合包括思想政治理论课、综合素养课、专业课在内的所有课程中的思想政治教育资源，形成全课程育人的大思政格局，是进入新时代的一种全新教育理念。它使各类课程同向同行，协同育人，是一种隐性教育。所以，不能将思政课程等同于课程思政，也不能将课程思政等同于思政课程。就一致性而言，首先，课程思政与思政课程目标一致，两者都坚持社会主义办学方向，为社会主义事业培养建设者和接班人。习近平指出，古今中外，每个国家都是按照自己的政治要求来培养人的，世界一流高校都是在服务自己国家发展中成长起来的。我国社会主义教育就是要培养社会主义建设者和接班人。思政课程对大学生进行马克思主义理论教育，是高校对大学生进行思想政治教育的主渠道，是为国家培养社会主义事业建设者和接班人的主阵地。习近平指出，思想政治理论课要坚持在改进中加强，其他各门课都要“守好一段渠、种好责任田”，使各类课程与思想政治理论课同向同行，形成协同效应。课程思政就是使高校各类课程与思政课程保持方向高度一致，使高校沿着正确方向为社会主义事业培养合格建设者和接班人。其次，课程思政与思政课程功能一致，两者都发挥育人功能，为高校实现“立德树人”的根本任务而服务。习近平指出，高校立身之本在于“立德树人”。小思政课程高举马克思主义理论旗帜，在高校中传播马克思主义理论，是落实“立德树人”根本任务的关键课程。课程思政则要求思想政治理论课传播社会主义核心价值观，综合素养课根植理想信念教育，专业课在传授知识的同时强调价值引领，从而实现“立德树人”的根本目标。

（一）思政课程是高校课程思政建设的主阵地

思政课程是高校对大学生进行思想政治教育的核心课程，它高举马克思主义理论旗帜，对高校大学生进行系统的马克思主义理论教育，深入贯彻落实习近平新时代中国特色社会主义思想，对大学生进行社会主义核心价值观教育，是高校落实“立德树人”根本任务的核心课程。思政课程在对大学生进行思想政治教育方面有自身独特的优势，所以，思政课程是高校课程思政建设的主阵地。思想政治理论课教师是对大学生进行思想政治教育的专业队伍，面对新时代课程思政对思政课程提出的新要求，思想政治理论课教师应表现出自己的责任担当和专业水准。

习近平指出："做好高校思想政治工作……要用好课堂教学这个主渠道，思想政治理论课要坚持在改进中加强，提升思想政治教育亲和力和针对性，满足学生成长发展需求和期待。"思政课程作为高校课程思政建设的主阵地，要坚持在改进中加强，对自身进行深层次思考。首先，从思想上要坚持"政治意识、大局意识、核心意识、看齐意识"四个意识，坚持"道路自信、制度自信、文化自信、理论自信"四个自信。鲜明的意识形态性是思政课程本身特色，坚持自身的意识形态性是思政课程的本质要求，从而使其他专业课与思想政治理论课同向同行，形成协同效应。思想政治理论课教师要坚持意识形态性，对大学生进行社会主义核心价值观教育。其次，在实践中要把思政课程的教学内容与学生所学专业相结合，提高课堂趣味性，避免出现之前思政课程的固有模式，使课堂枯燥乏味，要提高思政课程的亲和力和针对性。具体可参考一些高校开展课程思政的经验，积极探索挖掘其他专业课程中所蕴含的思政教育元素，与思政课程相结合，调动学生学习思政课程的积极性和主动性，从而增强思政课程的实效性。最后，在教学内容上，一方面要着力构建"大思政课程"，增强思政课程在思想政治教育中的价值引领作用，提高各学科对思政课程的理论支撑作用，丰富思政课程的教学内容，增加思政课程的理论厚度。另一方面要吸收新时代思政课程新元素，及时把马克思主义中国化最新理论成果、中国特色社会主义伟大事业的实践成果、哲学社会科学的最新学术成果，融入思政课程的教学内容中，创新思政课程话语体系，增强思政课程的时代感与吸引力。

（二）课程思政是对思政课程的进一步深化和建构

1. 课程思政打破了思政课程的孤岛困境

习近平提出，办好中国特色社会主义大学，要坚持"立德树人"，把培育和践行社会主义核心价值观融入教书育人全过程。这为高校教师教学实践提出了改进的方向。课程思政理念要求所有教育者都要承担育人责任，授业与传道相结合。然而，高校很多专业课教师在思想认识上不能正确理解知识传授与价值引领的关系，认为只要把专业课知识传授给学生就够了，德育工作仅仅是思想政治理论课教师的职责，只埋头拉车不看方向，对当前形势政策不闻不问，远离政治，造成专业课与思想政治理论课相分离的结果，使思想政治理论课孤军奋战，陷入孤岛困境。在知识储备上，部分高校专业课教师偏科严重，对思想政治教育理论认识不深，使思想政治教育的理念不能在他们身上内化于心，外化于行。所以在教学实践中，部分专业课教师只教书不育人，甚至有个别专业课教师在课堂上宣扬西方价值观和西方政治制度。高校大学生正处于思想多元化发展时期，尚未完全形成自己的判断力，在专业课教师的影响下对主流价值观产生动摇。长此以往，专业课教师只授业不传道，使知识传授与价值引领相割裂，思想政治教育只是思想政治理论课的“独角戏”。课程思政坚持以“立德树人”根本任务为核心，遵循思想政治工作规律、遵循教书育人规律、遵循学生成长规律，要求其他各门课都要“守好一段渠、种好责任田”，使各类课程与思想政治理论课同向同行，形成协同效应。课程思政实质上是一种课程观，不是增开一门课，也不是增设一项活动，而是将高校思想政治教育融入课程教学和改革的各环节、各方面，实现“立德树人”的根本目的。课程思政的提出打破了思政课程的孤岛困境，使思政课程与其他各类课程形成协同效应，从而增强高校思想政治教育的实效性。

2. 课程思政是对思政课程的深化建构

一方面，课程思政丰富了思政课程中思想政治教育的内容，创新了话语体系，使思政课程在教学实践中不再枯燥乏味。课程思政的提出改变了以往以思政课程为主的对大学生进行思想政治教育的点线式教学模式，它要求从综合素养课、专业课中挖掘思想政治教育元素，使知识传授与价值引领相结合，大学生在获取专业知识的过程中塑造正确的世界观、人生观、价值观。课程思政在教育理念层面的突破集中体现在将所有课程的教育性提升到思想政治教育的高度，表明课程教学目标首先是正确世界观、人生观、价值观的养成。另一方面，课程思政坚持了正确的政治方向，具有伟大的战略意义。2017 年 2 月，中共中央、国务院颁布的《关于加强和改进新形势下高校思想政治工作的意见》中指出：“加强和改进高校思想政治工作，事关办什么样的大学、怎样办大学的根本问题，事关党对高校的领导，事关中国特色社会主义事业后继有人，是一项重大的政治任务和战略工程。”因此，课程思政是高校坚持正确的政治方向，是党牢牢掌握对高校思想政治工作领导权的重要途径，是对思政课程的进一步深化和建构。

二、高校课程思政与思政课程的协同模式构建的理论依据

在马克思主义理论的科学指引下，高校对大学生进行思想政治教育，培养大学生树立正确的世界观、人生观、价值观，使当代大学生成为社会主义事业的合格建设者和接班人，从而为实现中华民族的伟大复兴贡献力量。思想政治

教育的根本内容就是马克思主义理论，高校思想政治教育必须用马克思主义原理来分析和解决问题。因此，马克思主义理论构成了高校思想政治教育的主要内容，也为高校思想政治教育的进行提供了科学的方法论。高校课程思政的出现，既基于马克思主义理论为其提供理论基础，同时也是高校课程发展与教学内容更新的要求。因此，有效理解课程思政与思政课程的协同模式，可以从人的全面发展理论、课程文化发展理论、协同学理论三大理论来进行研究和理解。

（一）人的全面发展理论

高校课程思政的提出旨在使高校大学生在学习专业知识的同时根植理想信念，为社会主义事业培养合格建设者和接班人，这与实现人的全面发展理论不谋而合。马克思在《1844 年经济学哲学手稿》中深刻揭示了在资本主义社会中工人劳动与人的全面发展的关系，指出在资本主义社会中，工人的劳动导致了人的异化。此后，马克思和恩格斯在《德意志意识形态》中也提到了人的自由而全面发展的思想。“人以一种全面的形式，也就是说作为一个完整的人占有自己的全面的本质。”1848 年，《共产党宣言》的问世标志着马克思主义教育思想的诞生。首先，马克思和恩格斯在《共产党宣言》中揭露了资本主义社会教育的本质：“资产者唯恐失去的那种教育，对绝大多数人来说是把人训练成机器。”说明资本主义社会的教育是为了榨取工人身上更多的剩余价值，使资产阶级获得更多的财富。其次，他们提出了共产党对工人阶级的教育，指出：“共产党一分钟也不忽略教育工人尽可能明确地意识到资产阶级和无产阶级的敌对的对立。”说明共产党教育工人提高政治觉悟，明白自己与资产阶级的对立。再次，他们提出了无产阶级建立政权后对教育的设想：“对所有儿童实行公共的和免费的教育。取消现在这种形式的儿童的工厂劳动。把教育同物质生产结合起来。”最后，他们对共产主义社会提出了伟大设想：“代替那存在着阶级和阶级对立的资产阶级旧社会的，将是这样一个联合体，在那里，每个人的自由发展是一切人的自由发展的条件。”马克思和恩格斯在关于人的全面发展的思想中表明人的全面发展既需要社会生产力给予物质支撑，也需要通过教育给予精神发展。显而易见，马克思和恩格斯关于人的全面发展的理论为高校课程思政的建设提供了坚实的理论支撑。课程思政就是要在专业课程中挖掘思想政治教育元素，让大学生在获得专业知识的同时根植理想信念，从而实现大学生的自由而全面的发展。课程思政与人的全面发展理论最终目标相同，人的全面发展理论为高校课程思政的建设提供坚实的理论支撑。

（二）课程文化发展理论

推进课程思政建设是为了增强高校思想政治工作效果，要用好课堂教学这个主渠道并最终落实在课程教育上。高校课程思政的建设同时也是课程文化发展的内在要求。因此，课程文化发展理论为高校课程思政的建设提供了内在的理论基础。课程是教和学相互作用的中介和纽带，课程文化是一个复杂的系统。课程文化是由课程价值观、课程规范、课程符号、课程传统与习俗以及课程物质设施等要素构成的复合整体，是各个要素构成的一个系统所表现出来的文化特质。课程文化大体上可以包括三方面：课程物质文化、课程制度文化和课程精神文化。其中，课程物质文化和课程制度文化属于客观物质条件，课程精神文化是课程文化发展的内核。课程的发展离不开课程文化，实际上，课程与课程文化是一个不可分割的整体，只是在人类发展的过程中并没有重视课程文化的作用，随着时代的发展，课程文化才慢慢走到人们面前，让人们发现其重要性。英国著名课程论专家丹尼斯·劳顿坚持要在课程规划中对文化做出合理选择，确保课程发展建立在良性的文化选择基础上。法国社会学家皮埃尔·布尔迪厄认为，课程本身可被视为一种“文化资本”，在推进政治资本和经济资本等的发展中起着不可忽视的作用。美国帕梅拉·博洛廷·约瑟夫借鉴人类学方法将美国课程的理论和实践归纳为“工作和生存训练”“承接圣典”“发展自我和精神”“建构理解”“思考民主主义”和“正视主导秩序”六种课程文化。可以看出，西方国家的课程文化理论更加突出个体价值，发展课程文化最终是为了个人发展从而推动资本主义社会的政治发展和经济发展。在马克思主义理论指导下，我国更加强调集体价值，突出集体利益的重要性，这就决定了在发展课程文化的时候要强调对社会主义核心价值观的学习领悟，把社会主义核心价值观摆在突出位置。习近平的讲话指出了高校课程思政的建设与课程文化发展的关系，即高校课程思政的建设推动了课程文化的发展，是课程文化发展的具体实践，课程文化的发展为高校课程思政的建设提供了理论支撑。

（三）协同学理论

课程思政的建设有利于实现学生的全面发展，推动课程文化的发展，从而提高教学效益。课程思政与思政课程的协同实际上是为了实现“立德树人”，引导大学生树立正确的世界观、人生观、价值观。协同学理论为高校课程思政与思政课程协同模式的构建提供了理论依据。协同学是20世纪70年代初德国理论物理学家赫尔曼·哈肯创立的。所谓协同学就是指研究各种由大量子系统组成的系统在一定条件下，通过子系统间的协同作用，在宏观上呈有序状态，形成具有一定功能的自组织结构机理的学科。通过对不同学科领域中的同类现象的类比，进一步揭示各种系统和现象中从无序到有序转变的共同规律。协同学的研究对象是远离平衡态的开放系统，但它进一步指出系统从无序到有序转化的关键在于组成系统的各个子系统之间的协同作用。最初，协同学主要广泛应用于对自然科学的研究中，但是赫尔曼·哈肯认为，协同学既可以应用于对自然科学问题的研究中，也可以应用于对其他科学的问题研究中。协同学有广泛的应用，在自然科学方面主要用于物理学、化学、生物学和生态学等。例如，在生态学方面求出了捕食者与被捕食者群体消长关系等。在社会科学方面主要用于社会学、经济学、心理学和行为科学等。例如，在社会学中得到社会舆论形成的随机模型。在工程技术方面主要用于电气工程、机械工程和土木工程等。课程思政与思政课程协同模式的构建最终是为了提高高校思想政治工作成效。高校思想政治工作就是一个结构复杂、体系庞大的复杂系统，思政课程和课程思政就是其中的子系统，其中课程思政这个子系统又具有自身的复杂性，它需要通过对不同专业课中的同类现象的类比，从而挖掘各门专业课中所蕴含的思想政治教育元素，揭示出不同子系统从无序向有序转变的共同规律。这表明了高校课程思政与思政课程协同模式构建的内在难度。协同学理论认为，千差万别的系统，尽管其属性不同，但在整个环境中，各个系统间存在着相互影响而又相互合作的关系。因此，做好高校思想政治工作这一复杂系统，各个子系统间要相互配合，合理组合，同向同行，形成协同效应，实现教学效益的最大化。

三、高校课程思政与思政课程协同的现实意义

党的十八大以来，习近平关于高校教育的重要论述形成了系统完整的新时代中国特色社会主义教育理论体系，标志着党对教育规律的认识达到了新高度。习近平在全国教育大会上指出，坚持把立德树人作为根本任务，并强调要努力构建德智体美劳全面培养的教育体系，形成更高水平的人才培养体系，强调深化教育体制改革，健全立德树人落实机制。这些论述是促进高校课程思政建设，推动课程思政与思政课程协同的根本指导思想。高校课程思政与思政课程协同，对于高校落实“立德树人”的根本任务、构建全面培养的教育体系、形成“三全育人”的育人格局有十分重要的意义。

（一）有助于落实高校“立德树人”的根本任务

习近平强调，高校立身之本在于立德树人，实现中华民族伟大复兴，坚持和发展中国特色社会主义，关键在党，关键在人，归根到底在培养造就一代又

一代可靠接班人。立德树人是高校人才培养的重要环节，是培养高素质中国特色社会主义建设者和接班人的有效方式，也同样关系到新时代伟大事业能否顺利继承和发展。为中国特色社会主义事业培养优秀人才，这是我国各级各类高校应当承担起的重要使命和责任，也是我国教育事业发展的起点和落脚点。各级各类高校作为为国家培养人才的基地和摇篮，必须坚持在马克思主义理论的指导下，坚持习近平新时代中国特色社会主义思想，毫不动摇地坚持社会主义办学方向，贯彻落实党的教育方针，为中国特色社会主义事业培养又红又专、德才兼备、全面发展的中国特色社会主义合格建设者和接班人。这是我国高校发展的应有之义。习近平指出，青年学生的价值观塑造尚未成型，正处于价值观形成和确立的关键期，易受各种错误思潮和极端思想的影响，抓好这一时期的价值观养成十分重要。高校要用社会主义核心价值观教育学生，引导学生扣好人生的第一粒扣子，引导学生铸就理想信念、掌握丰富知识、锤炼高尚品格，打下成长成才的基础，这是高校立德树人的重要使命所在。进入新时代，随着互联网的发展，高校大学生的成长伴随着各种思潮的影响，他们的价值观呈现多元化趋势，一味刻板地向他们传授马克思主义理论课程，以期帮助大学生树立正确的世界观、人生观和价值观，往往会产生令大学生反感的后果，这对高校大学生提高思想政治素质提出了迫切要求。因此，2015 年 1 月，中共中央办公厅、国务院办公厅印发的《关于进一步加强和改进新形势下高校宣传思想工作的意见》明确指出："加强高校意识形态阵地建设，是一项战略工程、固本工程、铸魂工程。"在对高校大学生进行价值引领的困境方面，高校思想政治工作者要在把握思想政治工作规律、教书育人规律、学生成长成才规律的前提下，高举中国特色社会主义伟大旗帜，顺应新时代提高高校大学生思想政治素质的迫切要求，立足于思想政治教育专业知识，从实现中华民族伟大复兴的战略高度出发，用社会主义核心价值观对高校大学生进行意识形态教育，为实现"立德树人"根本任务承担社会责任，勇担时代使命。课程思政是高校落实"立德树人"根本任务，铸就教育之魂的创新理念和创新实践，有对高校大学生进行知识传授与价值引领的双重功效。课程思政与思政课程的协同是高校贯彻落实党的教育理念、坚持社会主义办学方向、遵循思想政治工作规律，为中国特色社会主义事业培养合格建设者和可靠接班人的具体落实，是为实现中国特色社会主义现代化的强国梦铸魂育人，是落实高校"立德树人"根本任务的具体体现。

（二）有助于构建高校全面培养的教育体系

中共中央国务院《关于进一步加强和改进大学生思想政治教育的意见》强调，大学生是十分宝贵的人才资源，是民族的希望，是祖国的未来。改进大学生思想政治教育，提高他们的思想政治素质，把他们培养成中国特色社会主义事业的建设者和接班人，对于全面实施科教兴国和人才强国战略，确保我国在激烈的国际竞争中始终立于不败之地，确保实现全面建设小康社会、加快推进社会主义现代化的宏伟目标，确保中国特色社会主义事业兴旺发达、后继有人，具有重大而深远的战略意义。因此，当代大学生思想政治教育必须把"立德树人"作为根本任务，以理想信念教育为核心，以爱国主义教育为重点，以思想道德建设为基础，以全面发展为目标，努力把当代大学生培养成为有理想、有道德、有文化、有纪律的"四有"新人，培养成为"理想远大、热爱祖国的人""追求真理、勇于创新的人""德才兼备、全面发展的人""视野开阔、胸怀宽广的人""知行统一、脚踏实地的人"，培养成为德智体美劳全面发展的社会主义合格建设者和可靠接班人。高校思想政治理论课对大学生进行社会主义核心价值观教育，帮助大学生形成正确的世界观、人生观、价值观，从而使其具备良好的思想素质，过硬的政治素质，培养良好的道德修养。同时，高校也不能忽视培养学生的科学素质、专业素养、心理素质。显而易见，培养大学生这些全面的素养，仅仅依靠思想政治理论课是远远不够的，还需要专业课、综合素养课的积极配合才能做到。当前，学科融合已经成为一种趋势，各学科间逐渐破冰，互相交流，新型跨学科教育不断被发掘出来，思想政治理论课、专业课、综合素养课之间的融合有助于促进学生的全面发展。因此，思政课程需要与专业课、综合素养课深度融合，不断丰富自身的知识体系，从而为国家培养德智体美劳全面发展的社会主义建设者和可靠接班人。近年来，在习近平的带领下，我国各级各类院校越来越重视思想政治工作，例如，上海高校就设置了一系列提高该校思想政治教育水平的课程，取得了一定的效果。多年来我国一直开设思想政治理论课，对高校大学生进行思想政治教育，但在教学过程中太过重视学科建设、专业建设等硬件设施，往往忽略对思想政治理论课这个软件设施的投入力度，最后导致高校高等教育质量不过关，不能为社会主义事业培养德智体美劳全面发展的合格建设者和可靠接班人。因此，新时代高校必须坚持党的教育方针，把握教书育人规律，不仅重视硬件设施建设，更重要的是加大对软件设施的投入力度，加强思想政治工作，提高思想政治工作质量，为社会主义事业培养人才。课程思政是铸就教育之魂的创新理念和创新实践，坚持以"用好课堂教学这个主渠道”为总要求，以“培养什么人”这个教育的首要问题为根本导向，以促进学生成长成才为出发点和落脚点，旨在“将思想政治教育有机融入各门课程的教学和改革，实现知识传授与价值引领的有效结合，实现立德树人的润物无声”，进而实现培养“拥护中国共产党领导和我国社会主义制度、立志为中国特色社会主义奋斗终身的有用人才”的根本任务。因此，促进课程思政与思政课程的协同，有利于培养全面发展的人才，有助于构建高校全面培养的教育体系。

（三）有助于形成高校“三全育人”的育人格局

习近平在全国高校思想政治工作会议上指出：“要坚持把立德树人作为中心环节，把思想政治工作贯穿教育教学全过程，实现全程育人、全方位育人，努力开创我国高等教育事业发展新局面。”这为高校思想政治工作的开展提供了基本遵循。思想政治理论课是高校对大学生进行思想政治教育的主阵地，对大学生具有知识传授与价值引领的双重作用。思想政治理论课教学“为人民服务，为中国共产党服务，为巩固和发展中国特色社会主义制度服务，为改革开放和社会主义现代化建设服务”，课程思政要求全员、全程、全方位地整合并挖掘全校德育资源，其通过围绕知识传授与价值引领相结合的课程目标，强化显性思政，细化隐性思政，构建全课程育人格局。由课程思政与思政课程协同，强化了思政课程价值引领的功能，提高了思想政治教育的实效性，有助于形成高校“三全育人”的育人格局。“三全育人”就是全员、全程、全方位育人。所谓全员育人，就是对大学生进行思想政治教育不再只是思想政治理论课教师、辅导员、党委的事情，而是要求全体教职工都承担育人责任，人人成为育人者。所谓全程育人，就是把思想政治工作贯穿教育教学全过程和学生成长成才全过程，融入学生整个的学习过程，实现育人无时不有。所谓全方位育人，就是对大学生的思想政治教育要从校内到校外，从线下到线上，从课上到课下，实现育人无处不在。然而，当前高校普遍认同的观点是对大学生进行思想政治教育仅仅是思想政治理论课教师的事情，与其他专业教师无关。而专业课教师也由于自身理论层面的局限性以及自身思想高度的不足，对学生进行思想政治教育显得力度不够。长此以往，思想政治理论课教学陷入孤岛困境，思想政治理论课教学与专业课教学“两张皮”现象存在，思想政治工作实现全员、全程、全方位育人存在阻碍。实现课程思政与思政课程协同，就是专业课教师在思想政治理论课教师的带领下积极承担育人责任，将思想政治教育融入各门课程的教学过程中，从而实现知识传授与价值引领的有机结合，实现“立德树人”的“润物无声”，实现全员、全程、全方位育人。因此，课程思政与思政课程的协同有助于形成高校“三全育人”的育人格局。

第二节　高校课程思政与思政课程的协同模式构建的有益探索

构建高校课程思政与思政课程协同模式，有助于落实高校“立德树人”的根本任务，实现全员、全程、全方位育人。研究课程思政与思政课程协同模式，首先要对当前高校课程思政与思政课程协同育人的现状进行有效探索，并从中发现当前高校课程思政与思政课程协同模式构建的现实困境，从而进行有效研究。

我们对课程思政与思政课程协同育人进行有效探索，总结了五方面的经验，即遵循教学规律，提高教学水平；抓好课堂教学，发挥主渠道作用；把脉学生需求，推进教学改革；打通专业壁垒，形成协同效应；依托体制机制，提供配套保障。

一、遵循教学规律，提高教学水平

（一）遵循简捷律，制定教学策略

简捷律要求教学以最有效的形式进行，学生运用最新的知识进行认识世界、改造世界的活动。在教学活动中，推进课程建设首先要制定教学策略，学校教务处在课程建设中以及教学质量评价体系建立中应注重把“知识传授”与“价值引领”的结合度作为首要标准。具体而言，把“知识传授、价值引领、能力提升”的实现度固化于教学大纲中。例如，上海市积极贯彻落实全国高校思想政治工作会议精神，出台了《上海学校思想政治理论课改革创新行动计划》。该计划明确了上海高校课程思政改革的目标，各高校纷纷根据计划进行课程思政改革，制定教学策略。如上海中医药大学在教学大纲和培养方案中明确规定专业课要将社会主义核心价值观和中华优秀传统文化融入课程教学中，实现知识传授与价值引领的结合。北京联合大学也积极进行课程思政教学改革，规定了“校院整体推进、系（部）主导、教师主体”三项原则，确定了“学校要有氛围、学院要有特色、专业要有特点、讲授要有风格、成果要有固化、课程要有品牌、教师要有榜样”的“七有目标”和“七要工作法”。

（二）遵循育人律，调整教学评价体系

育人律认为，在教学过程中，教师在传授知识的同时也对学生的思想认识、道德品质产生一定的影响，教师的言谈举止会对学生产生潜移默化的影响，因此，在注重学生学习成果的同时也要注重教师自身的行为素质建设。高校课程思政建设要发挥教师的作用，高校教师不仅要有过硬的专业知识，也要具备高尚的道德修养。具体而言，在教学评价体系中建立双评估体系标准，不仅要考查学生，也要考查教师。例如，广东省高校在课堂教学评价体系中，着重强调把学生的思想政治理论课成绩和德育表现作为学生推优标准，同时建立了师生双向打分制度，教师对学生的课堂表现以及德育表现进行打分，同时学生对教师的上课情况以及对教师的品德行为满意度进行评价。

（三）遵循发展律，推动课程思政建设

发展律认为，在教学过程中，教师和学生在知识、道德修养、审美等方面共同发展和进步。高校在推进课程思政建设中，对学生实现知识传授与价值引领同频共振，对教师使其获得全面的发展。高校在推进课程思政建设中，以思想政治理论课为基础，挑选部分专业课和综合素养课，对其进行倾力制作，形成特色课程，力求在全国进行推广应用，最终形成课程思政模范课程。例如，复旦大学升级思想政治理论课的课程版本，注入时代气息，更新教学内容，创新教学方法，提高思想政治理论课的教学效度，推出了思想道德修养与法律基础的慕课教学，学生与教师线上与线下翻转教学，使思想政治理论课教学更接地气，更易被学生接受。上海中医药大学设立“专业课程德育实践”项目，丰富专业教师进行课程思政教学的内容和形式。

二、抓好课堂教学，发挥主渠道作用

（一）用好课堂教学这个主渠道

做好高校思想政治工作关键是要用好课堂教学这个主渠道。对此，上海高校对思想政治理论课、综合素养课、专业课三类课程根据各自不同风格分类进行重点建设。坚持思想政治理论课的核心地位，加强社会主义核心价值观教育。思想政治理论课要坚持在改进中加强，提升思想政治教育的亲和力和针对性，满足学生成长发展需求和期待。例如，上海市教委面向全市推出了社会主义核心价值观教育的“超级大课堂”。“超级大课堂”以“问题来自学生、声音来自一线、点评来自权威”的形式面向全市征集大学生在学习过程中遇到的关于

社会主义核心价值观的问题，教师直面学生困惑进行解答，专家教授多方面讲解社会主义核心价值观的意义和价值，在全市公开社会主义核心价值观教育，打造示范大课堂。上海交通大学运用“1+4”思想政治理论课教学模式，由校长、校党委书记、校内外名师组成1个教学团队轮流进入思政课堂讲课，引入“大班教学、小班讨论、社会实践、网络教学”4个环节进行课堂教育，使思想政治理论课教学更有活力。

（二）注重在综合素养课教育中根植理想信念

为了引导高校大学生牢固树立“四个自信”（道路自信、理论自信、制度自信、文化自信），上海高校根据自身办学特色纷纷开展“中国系列”选修课程，立足中国实际，讲好中国故事，在潜移默化中以有效的形式向学生传授正确的价值观和理想信念，成为一种隐性教育，与思想政治理论课这个显性教育共同提高高校思想政治工作水平。例如，上海应用技术大学“中国制造”课堂采用“教师主导、专家主讲、师生互动”的“项链模式”，邀请校内外教授和大型制造企业的专家来校开讲，演讲主题为“中国制造之强国梦想”“中国制造之高铁发展”等，全方位讲述了中国制造的历史，表明了作为应用型人才后备军的理工科学生的家国责任和使命担当，学生在课堂中不仅收获了专业知识，也懂得了自身的使命，受益匪浅。上海对外经贸大学“人文中国”课程以“解读中国人文传统，传递中国人文精神，展示中国气派，凝聚中国力量”为宗旨直面学生所关注的热点问题，运用课堂知识解答社会热点问题，在知识传授中注入中华优秀传统文化，对学生进行理想信念教育。

（三）在专业课中将知识传授与价值引领相结合

以专业知识为载体对大学生进行思想政治教育，具有独特的优势，有利于使专业课在知识传授中与价值观教育同频共振。社会科学课程要以马克思主义理论为指导，对大学生进行核心价值观教育。例如，上海外国语大学推出的“中外时文选读”课程，由思想政治理论课教师选出国家领导人在各个大会上做出的经典报告，由专业课教师在课堂上讲解并与学生共同探讨其中的内涵，使学生在学到专业知识的同时了解国家的大政方针，给人以力量和信仰。自然科学课程主要在知识传授中进行职业道德教育。例如，上海中医药大学推出“人体解剖学”课程，将教学目标分为知识目标和情感目标。学生在学习中不仅获得了解剖学知识，而且加强了对生命的敬畏和尊重，从而增强了自身作为医者的责任意识和使命担当。

三、把脉学生需求，推进教学改革

（一）关注学生的理论需求

第一，坚持马克思主义理论对教材体系的引领作用，引导高校教师对马克思主义理论和马克思主义中国化最新成果进行深入研究，为课程思政建设提供理论依据，以此回应学生的理论需求。例如，复旦大学积极构建“马工程教材加辅助教材”的教材体系，在思想政治理论课教学中坚持用好“马工程”教材体系，同时注重学生的上课感受，根据学生上课反馈情况积极修改完善教材，此外通过组建教师队伍进行集体备课和教学研讨为教材注入最新内容，为“马工程”教材的发展持续注入动力，从而提高教学水平，增强教育实效性。

第二，高校思想政治理论课要打破以往枯燥乏味的固有模式，增强课堂的趣味性，激发学生学习思想政治理论课的积极性和主动性。教师在上课过程中可以适当加入国家领导人的人物故事以及当前国家的大政方针，同时可以从专业角度回应当前社会热点问题，以此增强思想政治理论课的时代性。例如，上海复旦大学构建“必修加选学”的课程体系，经过不懈努力将教育部规定的四门思想政治理论必修课全部建设成为国家或者上海市的示范课程。尤其在思想道德修养与法律基础课上进行了慕课教学，采用翻转课堂的形式，大大提高了思想政治理论课的趣味性，提高了学生的参与度与上课的积极性。

（二）关注学生的实践需求

只学理论知识是远远不够的，高校还要通过实践教学增强学生的行动力，从而使思想政治教育在学生中内化于心，外化于行。例如，复旦大学构建“课堂教学加实践教学”的教学体系，为“马克思主义基本原理概论”课配置“马克思主义理论活动周”实践项目，为“中国近现代史纲要”课配置“治国理政全国大学生交流论坛”活动，为“毛泽东思想和中国特色社会主义理论体系概论”课配置“复旦大学中国市长论坛”活动，邀请多位地级市的市长来校开讲。上海中医药大学每年开设为期十周的“服务性学习”实践教学，让学生运用所学知识服务社区，服务病患。在实践过程中，学生不仅丰富了专业知识，而且增强了自身的使命感和责任担当。广西中医药大学每年组织青年专家带领学生到农村艰苦地区进行义诊，通过艰苦的环境锻炼学生的意志力，通过与村民的交流提高自己的思想觉悟以及对于生命的尊重。

四、打通专业壁垒，形成协同效应

习近平指出："做好高校思想政治工作，……不断提高工作能力和水平。要用好课堂教学这个主渠道，思想政治理论课要坚持在改进中加强，提升思想政治教育亲和力和针对性，满足学生成长发展需求和期待，其他各门课都要守好一段渠、种好责任田，使各类课程与思想政治理论课同向同行，形成协同效应。"由此可见，做好高校思想政治工作，不能仅仅依靠思想政治理论课教师孤军奋战，其他学科尤其是专业课教师要积极主动参与进来，共同推动高校思想政治教育工作的全面发展。思想政治理论课教师与专业课教师之间要打通学科壁垒，专业课教师要在思想政治理论课教师的带领下积极主动承担起育人责任，共同挖掘不同专业课中所蕴含的学术成果、学科资源，并努力将其转化为育人资源，实现专业课与思想政治理论课的同频共振，从而形成协同效应。思想政治理论课教师与专业课教师可通过集体备课、教学研讨等形式不断丰富课程内容，构建课程体系。例如，武汉大学开展马克思主义理论学科与其他学科的教学协同，形成马克思主义理论学科协同创新体系。该校开设的一门"测绘学概论"是具有代表性的专业课程，在课堂上，由多名测绘学界的明星教授和"两院"院士组成教师团队，每周一堂课，每位专家一个专题，教授在生动讲授测绘方面的专业知识中穿插爱国教育，在测绘知识中承载着价值观教育，打破专业壁垒，形成协同效应，使爱国教育在学生中内化于心。

上海高校的"中国系列"选修课程正是立足于中国实践、立足于讲好中国故事、立足于帮助学生坚定树立"四个自信"，立足于引导学生学习"四个正确认识"，回答大学生所普遍关注的社会热点问题，将各学科中所蕴含的学术资源转化为育人资源进行课堂教学，既提升了学生的综合素质和理性思维能力，也提高了学生的思想觉悟，从而提高了高校的思想政治教育水平。长沙理工大学积极推进和落实专业课课程思政理念，在"立德树人"目标实现的过程中，促使各门专业课程同频共振。该校党委书记、党委副书记、副校长、各专业课教师、思想政治理论课教师组成教师团队进入课堂，每位教师负责几个课题，在向学生传授知识的同时根植理想信念教育。例如，在讲到车路协同技术时向学生传递正确的消费观、交通安全意识和环保意识，激励学生刻苦学习，脚踏实地，为实现中华民族伟大复兴的中国梦而努力拼搏。

五、依托体制机制，提供配套保障

（一）关注师资发展

课程思政建设的关键在教师。马克思说："思想根本不能实现什么东西，为了实现思想，就要有使用实践力量的人。"这句话表明了教师在传播正能量思想中的核心作用。高校教师是否具有自觉的"育德意识"和强大的"育德能力"是思想政治理论课和专业课能否"同向同行，协同育人"的人才资源保障。为了推动高校教师深度参与课程思政建设，就要加强对教师的"育德意识"和"育德能力"培养。提高高校教师准入门槛，把课程思政理论作为高校教师考核内容。新上岗教师要进行课程思政理论再培训，加强他们的"育德意识"。鼓励高校教师对课程思政教育教学进行专题讨论，通过这些讨论，使专业课教师正确理解马克思主义理论最新成果、国家的大政方针和思政教育的理论，激发出专业课教师对本专业知识的内在价值的认知，从而产生专业课教师对学生进行思想政治教育的使命感和责任感。在教学实践中，专业课教师要坚持"言传"与"身教"相统一，在向学生传授专业知识的同时注重对学生的思想政治教育，修身立德，亲身师范，在学生中做出榜样，推动专业教学与思政教学同向同行，协同育人。例如，复旦大学、西北农林科技大学、中山大学、北京师范大学等高校纷纷成立教师工作部，推动专业课教师的"育德意识"和"育德能力"的发展，并把思想政治表现作为教师准入的首要标准，严格教师准入门槛。

（二）为高校课程思政建设提供制度保障

高校通过经费投入与教学激励制度，聘请地方党政领导人、专业带头人、感动中国先进人物、社会企业家、专家学者担任高校课程思政教学特聘教师，每人一星期一堂课，通过不同风格的教学内容向学生传播课程思政理念，向教师传递不同的课程思政教学方式和经验。同时，各高校间进行合作，通过特聘教师全国巡讲的方式传播课程思政教学经验，形成各高校间"同向同行，协同育人"的现象，推动课程思政建设工程的常态化发展。同时上海市建立健全领导体制和工作机制，形成了"党委统一领导、党政部门协同配合、以行政渠道为主组织落实"的工作思路，进行课程思政教学改革。其推出的"大国方略"系列课程就是在各校领导、党委书记、各专业教师的共同带领参与下进行的，取得了很好的成效，成为全国示范课程。

第三节　高校课程思政与思政课程的协同模式构建的现实困境与路径

要做好高校思想政治工作，提高高校思想政治教育的实效性，就要对课程思政与思政课程协同模式进行研究，从而实现“立德树人”的“润物无声”，构建协同、有效、有力的思政教育大格局。本节以高校课程思政与思政课程的协同模式构建的现实困境为依据，探析构建高校课程思政与思政课程的协同模式的路径。

一、高校课程思政与思政课程的协同模式构建的现实困境

在经济全球化和文化多元化的背景下，人们的思想观念呈现出多元化的趋势，尤其当代大学生在多元价值观的影响下，极易产生一些思想冲突和矛盾，这在一定程度上给高校课程思政与思政课程协同模式的构建带来了挑战。具体来说，这主要表现在顶层设计和整体规划不够完善、主体之间缺乏有效协同、三类课程建设合力尚未形成、课程思政理念尚未深入人心几个方面。

（一）顶层设计和整体规划不够完善

高校课程思政旨在建设思想政治教育与专业教育“同向同行，协同育人”的大思政教育体系，这是一项大工程，做好顶层设计和整体规划非常重要。顶层设计和整体规划做好，有利于为课程思政的整体建设提供大的方向和奠定坚实的基础保障。高校课程思政建设要完善顶层设计和整体规划，就要建立一套行之有效的领导机制、管理机制、践行机制、监督评价机制和激励机制。党政领导要担负起主体责任，深入课程思政建设一线亲自指导，为高校课程思政建设提供组织保障。学校教务管理部门要做好课程思政建设的设计规划，主动建设好管理制度、责任落实制度，财务部门要为课程思政的建设提供经费支撑，为高校课程思政的建设提供制度保障。此外，建立有效的监督评价机制有助于避免出现课程思政在教学实践过程中走过场的情况，人事部门要建设激励机制，对于主动加入课程思政建设，并且为之做出贡献的专家学者给予一定的奖励，提高每一位教师参与课程思政建设的积极性，使课程思政建设落到实处。

然而，高校课程思政建设中顶层设计和整体规划不够完善，主要表现在以下几个方面。第一，在上海高校进行课程思政教学改革的带领下，全国高校纷

纷开展课程思政建设工作，但是很多高校仅仅依靠教务管理部门进行统筹规划，教务管理部门由于自身局限性，把课程思政的规划设计作为课程建设来进行，并没有把其放在高校意识形态建设这个定位上来进行，导致对课程思政的建设定位不准，理解不够深入。学校领导层重视不够，学校党委没有负起主体责任，体制机制建设不够完善，不能为课程思政的建设提供有力的组织保障。第二，由于高校对课程思政建设的设计规划不够长远深入，管理制度欠缺，经费支撑不足，责任落实制度不能严格执行，导致各部门对自己在课程思政建设中的定位把握不准，学校、院系、各职能部门、教师之间不能明确自身职责，建设合力难以形成。课程思政建设呈现为形式化和标签化。第三，体制机制的不完善也大大弱化了课程思政建设的实效性。一方面表现为监督评价体系不健全，主要是很多高校还在使用传统的德育课程评价体系，尽管近年来高校的德育课程评价体系已经从单纯的理论评价发展到加入了实践教学评价，但是课程思政本身的复杂性决定了这样的监督评价体系已经不适用于对它的评价，因此要为课程思政建设一套量身定做的监督评价体系，将多样性的专业课内容同监督评价体系有效结合。另一方面表现为激励机制的欠缺，由于课程思政建设流于形式和表面，未能将高校教师尤其是专业课教师的绩效考核与课程思政工作的落实挂钩，导致教师队伍参与课程思政建设的积极性不高。课程思政的建设与激励机制的有效衔接问题亟须解决。

（二）主体之间缺乏有效协同

高校课程思政的建设需要各院系之间、教师与教师之间、教师与学生之间有效联动起来，从而实现协同育人的目标。各院系领导要对课程思政建设重视起来，马克思主义学院要与专业课院系共同承担起德育责任，带头推动课程思政建设，形成各司其职、协同配合的工作作风，为课程思政的建设提供良好氛围，有利于推动课程思政建设的实效性。在教师间组建一支素质优良、专业过硬的课程思政教师队伍，加强思想政治理论课教师与专业课教师之间的交流与合作，有利于实现协同育人的目标。习近平强调：“办好思想政治理论课关键在教师，关键在发挥教师的积极性、主动性、创造性。思政课教师，要给学生心灵埋下真善美的种子，引导学生扣好人生第一粒扣子。”这一论断表明教师的言行举止对学生产生着潜移默化的影响，而且这种影响是不可忽略的。因此，高校课程思政建设的成效最终体现在对学生价值观的塑造上，高校教师不能仅仅只传授知识，更要注重自身道德修养对学生的影响，实现教师与学生之间的协同。

然而，高校课程思政建设过程中主体之间缺乏有效协同，主要表现在以下几个方面。第一，各院系之间缺乏有效协同。受传统观念的影响，思想政治教育工作仍然是马克思主义学院的职责，其他专业院系缺乏对学生进行思想政治教育的思想高度，专业知识也欠缺。即使在各高校纷纷进行课程思政改革的氛围下，各院系虽然成立了课程思政改革小组，但是缺乏具体的规划设计和实施方案，在很大程度上使改革流于表面形式，合力难以形成，难以实现协同育人。第二，专业课教师与思想政治理论课教师之间缺乏有效协同。专业课教师由于自身对思想政治理论学习不足，对学生进行思想政治教育的经验不足，导致专业课教师在教学中常常忽略对学生的思想政治教育。对学生进行思想政治教育的工作落在了思想政治理论课教师和辅导员身上，但是思想政治理论课教师也只是重视在课堂上对学生传授思政课程，不注重学生的内化情况，辅导员注重学生的日常生活，往往会忽略对学生的思想政治教育。即使在课程思政改革的背景下，专业课教师与思想政治理论课教师之间也缺乏协作经验，一般通过座谈会等形式进行交流，协同育人流于形式，实效性不高。第三，教师和学生之间缺乏有效协同。改革开放以来，随着经济全球化的影响，人们的思想观念、价值观念受西方思潮的影响，当代大学生在多元价值观的影响下，虽然丰富了价值选择，但同时也产生了一些思想冲突和矛盾。部分思想政治理论课教师由于对自身专业知识学习不够深入，只传授课堂知识，不能结合当前国际形势或者社会热点问题在课堂上进行分析研究，解决学生困惑，使思政课程枯燥无味，学生学习起来没有趣味性，为了学分或者成绩听讲，甚至有些学生平时不听课，考试前背诵重点只求过关。国内某高校调查结果显示，有 72.7% 的专业课教师只是单纯从事专业教学工作，高达 86.8% 的专业课教师认为学生思想政治教育工作不在自身职责范围内，而将思想政治教育内容渗透到专业课教学中去的仅占专业课教师的 28.1%。由此可以看出，专业课教师对学生进行思想政治教育的状况也令人担忧。教师与学生之间缺乏有效协同，降低了课程思政建设的实效性。

（三）三类课程建设合力尚未形成

高校三类课程中思想政治理论课是显性课程，对学生有显性教育的作用，综合素养课和专业课是隐性课程，对学生有隐性教育的作用。高校思想政治理论课的理论知识更加系统，思想政治理论课教师具有高度的政治素养和系统的知识体系，因此在课程思政建设中要保持思政课程的主体地位，使之成为引领主流价值观的中流砥柱。然而，对学生的思想政治教育主要通过思想政治理论课来进行肯定是不够的，所以发挥综合素养课和专业课对学生的思想政治教育作用至关重要。在课程思政建设中要坚持思想政治理论课的主体地位不动摇，同时也不能忽视综合素养课和专业课对学生的隐性教育作用，将显性教育与隐性教育相结合，形成“同向同行，协同育人”的课程思政建设大合力。

然而，在课程思政改革实践中，三类课程建设合力难以形成，主要表面在以下两个方面。一方面，专业课教学与思想政治理论课教学存在各自为政的现象，部分专业课和综合素养课教师在上课过程中只是传授专业知识，对学生的思想政治教育仅仅通过自身的言谈举止、行为素质来进行，具有一定的片面性。专业课和综合素养课教师思想政治教育方面的知识薄弱，对思想政治教育理解不深、把握不准、重视不够，由此产生了对课程思政在思想上的误区，认为自己只要传授知识就够了，对学生的理想信念教育只是思想政治理论课教师的职责，造成教学中知识传授与价值引领相割裂，思想政治教育与专业教学“两张皮”现象存在，课程思政建设合力难以形成。另一方面，专业课本身进行思想政治教育的难度也导致合力难以形成。专业课本身有其固定的教材体系和教学方式，不同的专业课有不同的学科背景和知识体系，其中所包含的思想政治教育资源也有所区别。具体而言，人文科学蕴含的思想政治教育资源更为丰富，自然科学如医学、农学、工学等专业课中蕴含的思想政治教育资源则较为短缺，这就要求在课程思政教学实践中要具体问题具体分析，不能做统一标准进行改革。此外，专业课教师在对学生进行思想政治教育时，由于专业课中没有系统的思想政治教育知识，大多数以价值观、名人故事等隐性形式呈现，因此，专业课教师只能以隐性教育的方式在潜移默化中对学生进行思想政治教育。专业课有其独特的风格造成了专业课进行课程思政教学改革的难度，如果不能规划设计有效的方式对专业课中思想政治教育资源进行有效挖掘，高校课程思政教学改革将难以进行。

（四）课程思政理念尚未深入人心

课程思政的建设首先需要使课程思政理念深入人心，目前，这种理念尚未在高校中形成共识，未能在高校大学生与教师中内化于心，外化于行。究其原因，主要表现在以下三个方面：

1. 思想政治理论课的改革力度有待加大

做好高校思想政治工作，思想政治理论课处于主渠道地位，但是对大学生进行思想政治教育只有思想政治理论课发力而专业课、综合素养课不作为是完全不行的。当前进行高校思想政治工作，思想政治理论课常常处于孤岛困境。究其原因，首先，教师与学生主观认识欠缺，部分思想政治理论课教师对思想政治教育教学缺乏自信，没有将其视为学生成长成才的关键因素。其次，思想政治理论课缺乏趣味性，大多数思想政治理论课以照本宣科的形式进行，部分教师照着 PPT 读，学生在课堂上消极对待，考试前对着考试重点死记硬背，过后就忘，大大降低了思想政治理论课的实效性。最后，大思政课程体系尚未形成，高校四门思想政治理论课有着各自的学科背景和学科方位，彼此之间缺乏协调互动，使学生对四门课程的理解呈现出孤立而非综合，单一而非统一的形势，使四门课程在学生脑海中不能形成完整的统一体，最终没有形成对大学生进行思想政治教育的合力。

2. 专业课的思想高度有待提高

课程思政理念要求所有教育者都要承担育人责任，授业与传道相结合。然而，高校一些专业课教师在思想认识上不能正确理解知识传授与价值引领的关系，认为只要把专业课知识传授给学生就够了，德育工作仅仅是思想政治理论课教师的职责，造成专业课与思想政治理论课相分离的结果，使思想政治理论课孤军奋战，陷入孤岛困境。在知识储备上，部分高校专业课教师偏科严重，对思想政治教育理论认识不深，使思想政治教育的理念不能在他们身上内化于心，外化于行。所以在教学实践中，部分专业课教师只教书不育人，甚至有个别专业课教师在课堂上宣扬西方价值观和西方政治制度。长此以往，专业课教师只授业不传道，使知识传授与价值引领相割裂，思想政治教育只是思想政治理论课的“独角戏”。

3. 课程育人的向度不明确

高校课程育人的向度存在两方面的问题。一方面是在重视培养创新型人才的同时没有注重“为谁培养人”的问题，在创新驱动发展战略的影响下，高校的专业课程体系建设和人才培养模式建设趋向于培养创新型人才。实际上，培养创新型人才是最终目标，但是“为谁培养人”的问题要首先搞清楚，我们是为社会主义事业培养人才，首先应该加强培养人才的马克思主义信念信仰、价值观念，之后才是培养创新型人才。另一方面是在社会风气的影响下注重学历证书轻视育人的问题。高校到底要“培养什么样的人”，当然是培育有理想、有道德、有文化、有纪律的“四有”新人，为社会主义事业培养合格建设者和可靠接班人。随着社会主义市场经济的发展，社会上出现了一些不良风气，对高校“立德树人”的目标产生了不良影响。许多高校存在重技能专业，轻“立德树人”的现象，大学生上学的主要目标是获取学历证书，而更重要的培养正确的世界观、人生观、价值观的问题被抛诸脑后，这些问题的出现阻碍着高校思想政治工作的进行。

二、高校课程思政与思政课程的协同模式构建的路径

（一）建立制度协同模式，提供“三大保障”

高校课程思政建设要完善顶层设计和整体规划，就要建立一套行之有效的制度协同模式，提供组织保障、制度保障、机制保障。

1. 组织保障

习近平强调：“办好中国的事情，关键在党。各级党委要把思想政治理论课建设摆上重要议程，抓住制约思政课建设的突出问题，在工作格局、队伍建设、支持保障等方面采取有效措施。”要建立党委统一领导、党政齐抓共管、有关部门各负其责、全社会协同配合的工作格局，推动形成全党全社会努力办好思政课、教师认真讲好思政课、学生积极学好思政课的良好氛围。由此可见，要推动高校课程思政的建设，就必须紧紧依靠党的领导来实现课程思政工程建设的规范化和制度化。具体而言，要从以下四个方面来进行。

（1）发挥高校党委的领导核心作用

高校党委在课程思政教学改革中发挥领导核心作用是高校坚持正确的政治方向、为社会主义事业培养合格建设者和可靠接班人的坚强保证。因此，高校党委发挥领导核心作用要从以下几个方面进行。第一，高校党委要提高对课程思政建设的重视程度，定期召开课程思政教学改革交流会，对课程思政教学改革中遇到的问题及时反馈并提出解决方案，关注学生所思所想，及时调整教学方案，为学生成长成才提供重要保障，带头建设思政课教学队伍，提高高校思想政治教育水平。第二，加强各方面的监督，构建好高校党委与院系党组织之间的监督制约机制。对在课程思政建设中高校党委是否肩负主体责任，发挥好领导核心作用进行监督管理，院系党组织对在课程思政建设中的课程建设、教学设计、学生反馈等情况进行监督管理，及时提出解决方案。第三，高校党委在对课程思政进行改革的过程中要注意与时俱进，要因事而化、因时而进、因势而新。以向学生传授正确的世界观、人生观、价值观为宗旨，不断进行改革创新。

（2）发挥各类院系党组织的统筹协调作用

高校党委要做好顶层设计，院系党组织要发挥好统筹协调作用，针对课程

思政教学改革中遇到的问题要进行反馈并及时解决。院系党组织的统筹协调主要从以下几个方面进行。第一，利用互联网高效整合课程思政教学资源，打造课程思政精品课程。教师和学生通过互联网交流并获得最新的教学资源，对课程思政教学方式进行改革创新。通过高效整合课程思政教学资源，打造课程思政精品课程，提高学生学习的积极性和主动性。第二，竭力打造优秀校园文化环境，组织一些情趣高雅、内容丰富、形式新颖的文化活动，让学生在社会主义核心价值观的影响下树立正确的价值观，以文化人，以文育人。第三，各院系党组织之间应加强合作，按照高校党委做出的顶层设计制定出有效方案并进行有力的组织实施，为高校做好思想政治工作打造优秀的教师队伍、设计精品教学内容、整合课程思政教学资源。

（3）发挥基层党组织的战斗堡垒作用

党的十九大报告指出：“党的基层组织是确保党的路线方针政策和决策部署贯彻落实的基础。”“党支部要担负好直接教育党员、管理党员、监督党员和组织群众、宣传群众、凝聚群众、服务群众的职责。”在高校发挥教师党支部的主体作用是推动课程思政教学改革的重要力量。一方面，高校可成立课程思政教研室，组织开展研讨会、教学例会等，形成方案，推动高校课程思政的建设。另一方面，教师党支部队伍要承担起宣传课程思政教学改革理念，将课程思政理念灌输到每一位教师和学生的思想中，融入每一门课程的教学内容中，从而实现高校“立德树人”的目标。

（4）发挥各类群团组织的育人纽带作用

工会、共青团、学生会、社团、班级、宿舍等组成了基层群团组织，肩负着宣传课程思政理念，支撑体制机制建设的职责。工会、共青团、学生会等群团组织要创新育人的载体与形式，宣传课程思政教育理念，以更好地团结师生、服务师生。社团、班级、宿舍等群团组织可以开展一些时尚文明、内容丰富、形式活泼的正能量活动，将社会主义核心价值观、中华民族传统美德与时事相结合，应用到活动中去，以激发师生的民族自豪感和文化认同感，在活动中评出表现优秀的群团组织，颁发文明社团、文明班级、文明宿舍奖，激发师生的参与热情，营造和谐舒适的文化氛围。

2. 制度保障

要确保高校课程思政建设的有效落实，就必须高度重视相关制度的建设和完善情况。顶层设计做好了，要靠相关制度的保障来支撑。高校课程思政建设的制度保障应从以下两个方面来进行。

（1）要建立严格的管理制度

首先，教务管理部门在审定各专业的培养方案、教学大纲等重要教学文件时，应将“价值引领”作为不可或缺的一个重要监测指标。在人才培养方案中要明确德育要求，并据此制定课程教学标准和实施方案，以此作为提高人才培养质量的一个重要举措。其次，教学质量监控部门在制定课程评价标准时，应设置“德育成效”观测点。要审查教师的教学计划，要求教师在制订教学计划时除具备“知识传授、能力提升”要素外，还必须把“价值引领”要素纳入其中，三要素有机统一，缺一不可。否则，课程思政就会流于形式，成为无源之水，无本之木。

（2）要建立明确的责任落实制度

责任落实制度的建设，既需要教学主体提高自身的认知和觉悟，也需要外在的制度来保障实施。具体来说，首先，要建立明责制度，通过对思想政治教育理论的研究与分析，在思想政治教育理论的氛围影响下，学校党委、校长、其他校领导以及教师等主体要提高自己的政治觉悟，明确自身在课程思政建设中的责任，树立其在课程思政建设中的责任和担当意识。其次，要建立督责制度，建立相关责任监督部门，对上监督领导是否重视课程思政的建设、是否担当起自身的领导责任，对下监督教师是否承担起对学生进行思想政治教育的责任，制定考核制度，将此项内容作为教师教学业绩的评判标准之一。最后，要建立问责制度，对在课程思政建设过程中出现失责问题的主体进行问责，制定责任追究制度，坚持惩前毖后、治病救人的原则，对出现失责问题的主体进行思想政治教育，在思想政治教育氛围影响下，提高失责主体的责任和担当意识，使其再次进入岗位为课程思政建设做出贡献。此外，财务部门也要为课程思政的建设提供经费保障，确保课程思政的建设落到实处。

3. 机制保障

课程思政建设顶层设计和整体规划做得到位，相关制度保障实施，再加上有效的运行机制组织运行，三者缺一不可，共同推动高校课程思政建设的稳定和持续发展。高校课程思政建设机制保障应从以下几个方面来进行。

（1）建立课程思政融合机制

要建立课程思政融合机制，确保课程思政的有效运行，实现协同育人的目标。课程思政融合机制的内容主要包括主体、内容、路径等方面要素的融合。

①建立主体融合机制。

一方面要建立人员融合机制，将思想政治理论课教师、专业课教师、辅导员、管理人员打造成育人共同体，形成协同育人的工作机制。思想政治理论课教师要利用信息网络媒体提高课堂教学的趣味性，利用自身优势，带动专业课教师提高对学生进行价值观教育的能力。专业课教师要树立“课程思政”教学理念，克服在教学实践中思政教育知识欠缺的短板，提高自身的育德意识和育德能力。辅导员要学习最新思想政治教育理论，提高管理学生的能力。学校党委、校领导、教务处等管理人员要形成“党委统一领导，党政部门协同配合、以行政渠道为主组织落实”的协同作战机制。另一方面要建立合作平台，为四支队伍协同育人建立共享互惠平台，提高协同育人能力，实现课程思政的长效持续性发展。

②建立内容融合机制。

一方面要建立融合式课程思政课程，三类课程之间要破除壁垒，协同发展，打造出精品课程对大学生进行思想政治教育。另一方面要创新融合式教学模式，如打造出慕课教学、翻转课堂等线上与线下相结合的融合式教学模式，增强课堂教学的实效性。

③建立路径融合机制。

全国高校纷纷进行课程思政教学改革，各高校针对实施中出现的实际问题，要求各部门相互配合、互动互补，在实施过程中有效衔接、相互促进，共同探索出课程思政教学改革的有效融合路径，提高高校思想政治教育水平。

（2）建立课程思政激励约束机制

为了提高广大教师参与课程思政建设的积极性和主动性，要通过一些激励约束机制来加以推动，如学校专门立项课程思政研究课题，给予经费保障，鼓励广大教师、专家学者参与其中，研究成果与教师的物质奖励、职称评审、绩效考核挂钩。专业课教师的思想政治教育知识欠缺，就应鼓励专业课教师在思想政治理论课教师带动下深挖专业课内思想政治教育资源，鼓励专业课教师与思想政治理论课教师共同进行教研，形成专业课自身的课程思政教学资料，通过提高专业课教师参与课程思政教学改革的主观能动性，为课程思政建设提供充足资源。

（3）建立课程思政评价机制

合理的教学评价能够引导教学活动趋向理想的目标，能够提供反馈以发现教学中的不足从而为教学的改进奠定基础，能够提升教师、学生等参与教学活动的内部动力，调动他们的潜能，增进他们工作的积极性和创造性。要建立合理的课程思政评价机制，就评估标准而言，要以授课对象的满意度和接受度为核心指标，即教师在授课中要注意学生的反馈；就评价方法而言，要制定多元化的评价方法，将课堂教学评价、学习效果评价从单一的知识传授、能力提升专业维度，向价值引领、注重过程等多维度延伸。除了考核理论知识外，还要注重学生平时的课堂表现、课外实践表现、德育表现，对学生进行全面的考核。针对教师的课堂教学评价，可以通过学生评教、督导评课、同行听课等方式，对教师课程思政的执行情况和实施效果进行评价。

（二）建立主体协同模式，强化“三体视角”

高校课程思政的建设需要各院系之间、教师与教师之间、教师与学生之间有效联动起来，形成各司其职、协同配合的工作作风，为课程思政的建设营造良好氛围，推动增强课程思政建设的实效性，从而实现协同育人的目标。

1. 强调院系的落实责任

随着高等教育的发展，全国各大高校基本形成了校院分级管理的模式，各大院系在自身内部管理中的主体作用日益增强，下设教务管理部门、人事部门、财务部门、监督管理部门等机构，在制定教学大纲与人才培养方案、建立课程改革小组、开展教育教学活动、制定监督考核体系等方面都有较大的自主权和独立性。因此，高校进行课程思政教学改革，需要各大院系发挥自身作用，积极响应，担负责任，尽快落实。具体来说，要从以下两个方面进行落实。

一方面，各大院系尤其是专业课院系要树立“课程思政”理念，加强对课程思政建设的重视。院系领导要加强对课程思政建设的重视，带头推动课程思政建设，在院系内部形成各司其职、协同配合的工作作风。其他院系要改变认为课程思政建设只是马克思主义学院的职责的错误传统观念，与马克思主义学院进行沟通交流，学习思想政治教育理念，并与自身专业结合，形成自身独特的课程思政教学资料，提升自己的课程思政专业水准，在这样的工作氛围影响下，树立“课程思政”理念。另一方面，各大院系要成立课程思政改革小组，制定具体的规划设计和实施方案，大力推进高校课程思政的建设工作。在制定教学大纲和人才培养方案时，各院系要把课程思政的内容加入，在马克思主义学院的带动引领下，形成各专业自身独特的课程思政教学内容。各院系同时可以通过互联网媒体建立自身的网络教育平台，在平台上宣传马克思主义理论，引导学生树立“课程思政”理念，使网络成为弘扬主旋律，展开思想政治教育教学的新阵地。在开展教育教学活动时，各院系可以多开展一些关于宣传社会主义核心价值观的主题教育活动，让学生在浓厚的德育氛围影响下树立正确的价值观。在制定考核监督体系时，各院系要为课程思政量身定做一套独特的考核监督体系，防止出现形式主义的现象。此外，各专业院系要加强与马克思主义学院的合作，为课程思政建设打造优秀教师队伍、设计精品课程、整合课程思政教学资源，共同为提高高校思想政治教育水平出力。

2. 强化教师的主体视角

课程思政建设的关键在教师。马克思说：“思想根本不能实现什么东西，为了实现思想，就要有使用实践力量的人。”这句话表明了教师在传播课程思政教学理念中的核心作用。高校教师是否具有自觉的育德意识和强大的育德能力是思想政治理论课和专业课能否“同向同行，协同育人”的人才资源保障。为了推动高校教师深度参与课程思政建设，高校要加强对教师的育德意识和育德能力的培养，推动教师间加强合作，促使教师提高课堂教学实施效度。

（1）加强对教师育德意识和育德能力

提高高校教师准入门槛，把课程思政理论作为高校教师考核内容。新上岗教师要进行课程思政理论再培训，加强他们的育德意识。鼓励高校教师对课程思政教育教学进行专题讨论，通过这些讨论，使专业课教师正确理解马克思主义理论研究最新成果、国家的大政方针和思想政治教育的理论，激发专业课教师对本专业知识的内在价值的认知，从而产生对学生进行思想政治教育的使命感和责任感。在教学实践中，专业课教师要坚持言传与身教相统一，在向学生传授专业知识的同时注重对学生的思想政治教育，修身立德，为学生做榜样，推动专业课教学与思想政治理论课教学“同向同行，协同育人”。

（2）推动教师间加强合作

高校可以通过搭建课程思政建设平台，将思想政治理论课教师、专业课教师、高校校长、党委书记、辅导员等人组建成课程思政教学团队，通过集体备课制度促进他们之间的良性互动，形成教师间的同向同行，推动课程思政建设工程的常态化发展。此外，高校可以加大对课程思政建设的经费投入力度，聘请地方党政领导人、专业带头人、感动中国先进人物、社会企业家、专家学者担任高校课程思政教学特聘教师，每人一星期一堂课，通过不同风格的教学方式向学生传播“课程思政”理念，向教师传递不同的课程思政教学方式和经验。同时，各高校间可以进行合作，通过特聘教师全国巡讲的方式传播课程思政教学经验，形成各高校间“同向同行，协同育人”的局面，推动课程思政建设工程的常态化发展。

（3）促使教师提高课堂教学实施效度

①优化课程内容。

课程思政教学内容要讲究时效性，在坚持基本课程内容的前提下，要加入习近平新时代中国特色社会主义思想和社会主义核心价值观等内容，反映社会主流意识形态。同时，要增强课程内容的趣味性和可读性。

②加强课堂教学设计。

充分利用新媒体技术工具，将传统课堂与新媒体结合起来，采用翻转课堂、慕课等教学方式，让学生参与进来，提高自己的主人翁意识，激发学生学习的积极性，为课程思政教学提供良好的教学氛围。

③加强教学管理。

通过学生评教、督导评课、同行听课的方式，对教师和学生进行管理，保障课程思政教学有序进行。

3. 重视学生的客体体验

习近平指出："高校立身之本在于立德树人。只有培养出一流人才的高校，才能够成为世界一流大学。"这句话指出了高校教育活动的目的，即为国家培养出高质量和高素质的人才。同时，习近平还指出："高校思想政治工作关系高校培养什么样的人、如何培养人以及为谁培养人这个根本问题。要坚持把立德树人作为中心环节，把思想政治工作贯穿教育教学全过程，实现全程育人、全方位育人，努力开创我国高等教育事业发展新局面。"因此，课程思政建设的最终成效在于学生，课程思政的改革要获得学生的认可和参与。

（1）挖掘专业课与思想政治教育知识体系之间的结合点

在教学过程中，教师要深入挖掘专业课与思想政治教育知识体系之间的结合点，完善教学内容，在授课过程中，以学生喜闻乐见的形式，以通俗易懂的生活化语言解读专业课程中所蕴含的德育知识，在专业知识的传授过程中向学生传递正确的价值观，让课程思政教育理念在学生中入脑入心。同时，教师要多关注学生的精神世界和生活环境，了解学生的心理情况和学习需求，掌握学生的所思所想。当代大学生处于思想多元化发展的社会环境中，每个人都有自己对于当前国家大事的独立思考，因此，教师要根据当代大学生的这一特征，深入学生，把握学生需求，了解学生在思想上的困惑，然后基于自己的专业知识以及自己所掌握的课程思政理论、思想政治教育知识和国家的方针政策，用生活化的语言对学生的问题进行答疑解惑，将知识传授和价值引领相结合。值得注意的是，教师不能对学生所关注的社会问题进行表面解答，简单化处理，而是要深入挖掘学生所关注的社会现实问题背后的本质问题、思想认识问题，然后用通俗化的语言来进行解答，只有这样，才能引起学生学习的兴趣，提高思想政治教育的亲和力和针对性，引导学生感悟并内化课程思政教学内容。

（2）引导学生参与社会实践活动

在教学实践中，要引导学生参与社会实践活动，做社会主义核心价值观的践行者。各高校可以根据学校自身办学特色，设置一些实践课堂或者开展暑期社会实践活动，让学生用自己所学到的专业知识解决生活中的问题，深入基层帮助老百姓，在实践活动中增强自己的社会责任感和时代使命感。同时把此作为学生毕业考核的一个因素，制定实践活动考核评价标准，防止实践活动流于形式。

（三）建立课程协同模式，处理“三种关系”

高校三类课程中思想政治理论课是显性课程，对学生有显性教育的作用，综合素养课和专业课是隐性课程，对学生有隐性教育的作用。在课程思政建设中要注重坚持思想政治理论课的主体地位不动摇，同时也不能忽视综合素养课和专业课对学生的隐性教育作用，将显性教育与隐性教育相结合，形成“同向同行，协同育人”的课程思政建设大合力。

1. 处理思想政治理论课与课程思政的关系

处理思想政治理论课与课程思政的关系实际上是处理好认识与实践的关系。课程思政与思想政治理论课在思想认识上保持一致方向，在具体实践中保持同行，才能实现思想政治理论课与课程思政“同向同行，协同育人”的目标。

（1）思想认识上要保持方向一致

思想政治理论课与课程思政在思想认识上要保持方向一致，即两者在政治认同、文化认同、育人方向上要保持同向。第一，坚持政治认同的方向一致。课程思政要紧随思想政治理论课的政治方向，树立大局意识，与思想政治理论课一同为培育大学生树立马克思主义信仰、正确的政治意识、对中华民族的自豪感而共同努力。思想政治理论课培养大学生树立正确的政治大局、国家大局，课程思政要从旁协助，不能拆台。在政治大局、国家大局方面，两者必须保持方向一致，不能走向对立的一面。第二，坚持文化认同的方向一致。不管是思想政治理论课，还是课程思政，其最终目的都是对大学生进行思想政治教育，归根结底是培养大学生树立正确的文化认同观，树立正确的价值观，坚定文化自信。习近平指出，要坚定文化自信、道路自信、理论自信、制度自信，而文化自信是更基础、更广泛、更深厚的自信。能否坚定文化自信，关乎教育根本，尤其是当中国在世界体系中的位置发生一定变化的情况下，能否坚定文化自信也就显得至关重要。思想政治理论课与课程思政要方向一致，共同培养大学生对中华民族优秀传统文化的认同，对当代社会主义核心价值观的认同，对人类命运共同体价值观的认同，两者之间不能各说各话，相互矛盾。第三，坚持育人方向的一致性。建设课程思政，发展创新思想政治理论课，最终归于为社会主义事业培养合格建设者和可靠接班人，实现“立德树人”，以文化人、以文育人的最终目标。思想政治理论课与课程思政要坚持育人方向上的一致性，坚持在习近平新时代中国特色社会主义思想的指导下，为发展中国特色社会主义事业服务，增强当代大学生对中国特色社会主义的道路自信、理论自信、制度自信、文化自信。

（2）具体实践中要保持同行

思想政治理论课与课程思政在具体实践中要保持同行。思想政治理论课与课程思政在具体实践中要相互补充、相互促进，实现共同发展。第一，二者要相互补充。习近平指出：“做好高校思想政治工作，要用好课堂教学这个主渠道，思想政治理论课要坚持在改进中加强，提升思想政治教育亲和力和针对性，满足学生成长发展需求和期待，其他各门课都要守好一段渠、种好责任田，使各类课程与思想政治理论课同向同行，形成协同效应。”课程思政与思想政治理论课要相互补充，建构以思想政治理论课为核心，以课程思政为辅助的课程体系，为提高高校思想政治教育水平共同发力。思想政治理论课要明确自身的定位，提升亲和力和针对性，在自身领域内深化改革，带动课程思政内容的建设，两者之间不能重复，不能完全一致，而是应该相互补充、各司其职，最终实现协同育人。第二，二者要相互促进。思想政治理论课要促进课程思政的发展，要在坚持自身理论的基础上，注入时代气息，将习近平新时代中国特色社会主义思想加入课程内容中，形成思想政治理论课的独特魅力，要树立大局意识，坚持正确的政治方向，引领课程思政的建设，推动课程思政的发展。同时，课程思政也要推动思想政治理论课的发展，课程思政内容丰富，思想政治理论课可以从中汲取营养，丰富自身内容，促进自身发展。

2. 处理思想政治理论课与专业课的关系

处理思想政治理论课与专业课的关系，不是让思想政治理论课取代专业课，也不是把专业课上成思想政治理论课，而是思想政治理论课在不断丰富自身学术内涵的前提下，带动专业课在坚持自身专业知识传授的基础上对学生进行思想政治教育。即思想政治理论课坚持“学术性”，专业课上出“思政味”，真正将习近平新时代中国特色社会主义思想融入教材之中。

（1）思想政治理论课要坚持学术性

思想政治理论课在坚持马克思主义理论体系的基础上，旗帜鲜明地回答了

“为谁培养人”的价值判断。思想政治理论课要坚持在改进中加强，在坚持基本课程内容的前提下，将中国特色社会主义理论体系最新内容、习近平新时代中国特色社会主义思想、思政前沿最新研究成果融入教学内容中去，提高学术性。在教学过程中，要提高思想政治理论课的亲和力和针对性，关注学生最新思想动态，进行案例教学，以通俗化的语言讲授最新思想政治教育的前沿动态，满足学生成长发展需求和期待。

（2）专业课要上出“思政味”

要找出思想政治理论课与专业课之间的契合点，就要通过系统的课程设计，使二者之间有机融合。对专业课进行整体规划，将社会主义核心价值观和中华民族优秀传统文化的内容融入教学要求中去，根据学生学习的实际情况设定教学方式，并有机整合到教学大纲中去，推动思想政治教育在专业课中的发展。各专业要立足于自身特色，制定本专业课程思政目标，从专业知识中提炼出思政内容，形成自身的课程思改专业教材。具体到每门课程，各专业课教师要深入挖掘本专业课的思政元素，明确每个思政元素的切入点，每个思政元素与具体的专业知识的内在联系，各个思政元素间的内在关联，做到入深入细，深度融合。值得注意的是，在课堂教学中，有机融合专业知识与思政元素，要以学生最关注的社会现实问题为载体引导学生学习专业知识，训练学生的思维方式和思维能力，实现思政元素与专业课的有机融合。

3. 处理思想政治理论课、综合素养课、专业课的关系

高校推动课程思政的建设，需要处理好思想政治理论课、综合素养课、专业课的关系，具体要关注以下两方面的内容。

（1）三类课程要明确自身定位，各司其职

思想政治理论课是高校对学生进行思想政治教育的主渠道，重在对学生进行社会主义核心价值观教育和马克思主义理论教育，在教学过程中，要注意创新教学形式，用通俗化的语言向学生传授知识，提高学生学习的兴趣。综合素养课注重在潜移默化中根植理想信念教育，在教学过程中，始终坚持以马克思主义为指导，在课程中让学生感悟人生，树立高尚的理想信念，为实现中华民族伟大复兴的中国梦而努力奋斗。专业课重在实现知识传授与价值引领同频共振，实现“立德树人”的目标。社会科学课程坚持以马克思主义理论为指导，对学生进行思想政治教育。自然科学课程在传授知识的同时重点培养学生的职业素养和道德素质。三类课程要明确自身定位，各司其职，共同为提高高校思想政治教育水平而服务。

（2）促进三类课程之间的协同化发展

第一，三类课程进行双向结合。这包含两方面的内容，一方面是思想政治理论课主动与综合素养课、专业课的结合，也就是要深挖综合素养课、专业课中所蕴含的思想政治教育资源，丰富思想政治理论课的内容，从而推动课程思政的建设。另一方面是综合素养课、专业课主动寻找思想政治理论课中适合自身对学生开展思想政治教育的资源，如思想政治理论课中的爱国主义教育、工匠精神、诚信品质、国家安全意识教育等内容都可以融入综合素养课、专业课中去。第二，实现思想政治理论课之间、思想政治理论课与综合素养课之间、思想政治理论课与专业课之间的协同化发展。基于上海高校进行课程思政教学改革的成功经验，全国各大高校纷纷探索进行课程思政建设，要实现各门课程之间的协同化发展，在教育理念上，要打破思想政治理论课对学生进行思想政治教育的孤岛困境，每门课程都要育人，每位教师都要承担育人责任，学校要为实现课程思政的发展提供强大保障。具体到行动上，各门课程都要修改或补充教学大纲与培养方案的内容，要组织教师召开教研会，创新课程教学方式，学校要加强对教师的育德意识和育德能力的培养等。

（四）建立要素协同模式，把握“三个维度”

高校推进课程思政的建设，构建课程思政与思政课程的协同模式，从而实现“立德树人”的“润物无声”，这需要加大思政课程的改革力度、提高专业课程的思想高度、明晰课程育人的向度。从而使课程思政理念深入人心，提高高校思想政治教育水平。

1. 加大思政课程的改革力度

高校推进课程思政的建设，实现各类课程与思政课程“同向同行，协同育人”，要彰显出思政课程的主渠道地位，显示出思政课程的专业性、创新力和时代感，加大思政课程的实证力度。

发挥思政课程对大学生进行思想政治教育的显性教育功能。

（1）提升思政课程作为理论课程的专业水准

①提高思政课程的专业性。

将学生的思想政治状况与问题通过教育引导产生良好作用作为一个课题进行研究。对这一课题的研究，要以理论为基础，以问题为导向，以教育引导为中介，最终实现与学生的情感共鸣，提升思政课程的专业性。例如，在“形势与政策”课堂上，教师要将学生所关注的国内外重大时政问题作为研究点，在坚持马克思主义基本原则的基础上，对其进行有深度、有内涵、有说服力的独到见解，展示思政课程教师深厚的理论功底和分析问题、将理论与实践相结合的实力，同时教育引导学生产生时代责任感和历史使命感。

②加大思政课程的创新力度。

在教学过程中教师要将理论与实际相结合，提升思政课程的吸引力。具体而言，教师要将理论与革命先辈的光荣事迹相结合，将理论与时代内容相结合，党员教师要发挥先锋模范作用，将红色经典、英雄事迹与思政教育内容相结合，贯穿在思政课堂中，使学生感受到榜样的力量，不忘初心，牢记使命，砥砺前行，使思政课程更容易被学生所接受，学生在潜移默化中受到思想政治教育。

③思政课程要与时俱进，增强时代感。

理论来源于生活，思政课程要贴近生活、贴近时代，关注学生在思想上的困惑与在时代变迁中遇到的实际问题，教师要更新自己的教学方式，为思政课程的内容注入时代精神，同时对中国特色社会主义理论的新内容和新成果深入研究并精准解释，使思政课程与时俱进，增强思政课程的亲和力和针对性。

（2）在实践活动中进行思政课程的渗透

从思政课程中分出一部分课时用于实践活动，通过志愿者下乡、社会实践活动、调查研究等活动形式，引导和鼓励学生树立正确的价值观和形成正确的思维方式，让学生在活动中强化对社会主义核心价值观的认同，使其形成看待问题的正确方式，拓宽思政课程的教育广度，提高思政课程的教育水平。

2. 提高专业课程的思想高度

习近平指出：“做好高校思想政治工作，思想政治理论课要坚持在改进中加强，提升思想政治教育亲和力和针对性，其他各门课都要守好一段渠、种好责任田，使各类课程与思想政治理论课同向同行，形成协同效应。”思政课程与各类课程同向同行，实现协同育人，就要改变专业课程中的一些错误倾向，如专业课程部分教师只教书不育人，造成知识传授与价值引领之间的割裂。因此，实现专业课程与思政课程同向同行，协同育人，就要着力提高专业课程的思想高度。具体而言，要从以下两个方面进行。

（1）提高专业课程教师的思想高度

在思想认识上，专业课程教师要意识到自己在传授专业知识的同时，自身的言谈举止也会对学生产生巨大的影响。因此，教师要正确理解知识传授与价值引领的关系，修身立德，亲身示范，积极承担育人责任，使授业与传道相结合，实现“立德树人”的“润物无声”。在知识储备上，专业课程教师要主动与思政课程教师合作，在思政课程教师的引领带动下，学习思政理论知识，以便于挖掘专业课程中所蕴含的思想政治教育资源。同时，高校可以通过开教研会、集体备课会的形式加强思政课程教师与专业课程教师之间的合作，使他们分享育人资源，修订课程思政专业教材，探索对学生进行思想政治教育的方式。在教学实践中，专业课程教师要关注国家方针政策与当前国际形势，将学生关注的热点问题巧妙地运用专业知识与自身的知识储备进行解答，解决学生思想困惑，让学生在获取专业知识的同时得到思想上的启迪。

（2）学校为提高专业课程的思想高度提供硬件保障

在教材的选用方面，要避免使用西方教材的现象，造成水土不服、作用不大的情况。教材的选取要坚持马克思主义的指导地位，树立正确的政治方向、大局方向，实现正确的价值引领。在教学管理方面，教师要通过制定教学纪律、构建教学评价和监督体系，加入育人功能，作为提高专业课程的思想高度的硬性规定。同时，学校可以举办一些宣传社会主义核心价值观的活动或者利用微信公众号、广播、网络、APP 等媒体营造良好的德育氛围，引导广大教师不忘“立德树人”初心，牢记人才培养使命，将更多精力投入教书育人工作上。

3. 明晰课程育人的向度

习近平指出：“新时代贯彻党的教育方针，要坚持马克思主义指导地位，贯彻新时代中国特色社会主义思想，坚持社会主义办学方向，落实立德树人的根本任务，坚持教育为人民服务、为中国共产党治国理政服务、为巩固和发展中国特色社会主义制度服务、为改革开放和社会主义现代化建设服务，扎根中国大地办教育，同生产劳动和社会实践相结合，加快推进教有现代化、建设教育强国、办好人民满意的教育，努力培养担当民族复兴大任的时代新人，培养德智体美劳全面发展的社会主义建设者和接班人。”当前高校存在的课程育人向度模糊的问题应从以下两个方面着手解决。

（1）明确育人方向，推动“立德树人”

在创新驱动发展战略的指导下，高校纷纷进行改革，积极投身于实施创新驱动发展战略，着重培养创新型、应用型、复合型人才，推动了我国一流大学和一流学科的建设。但同时也存在着只注重于培养创新型人才而忽视了对学生进行思想政治教育的问题，“为谁培养人”的问题没有得到重视和解决，这对于国家和社会的发展会产生不利的影响。因此，高校教师要明确课程育人方向，在重视培养创新型人才的同时注重对学生进行思想政治教育。教师要教育引导学生树立坚定的共产主义伟大理想和中国特色社会主义理想信念，增强中国特色社会主义道路自信、理论自信、制度自信、文化自信。教师要引导学生树立爱国主义意识，始终坚持拥护党的领导，培养奋斗精神、劳动精神，提升学生的品德修养。教师同时要丰富学生的知识，扩大学生的见识，增强学生的体魄，培育学生的综合素质能力，为党和国家培育德智体美劳全面发展的社会主义现代化人才。

（2）深化教育体制改革，落实“立德树人”

习近平指出：“要扭转不科学的教育评价导向，坚决克服唯分数、唯升学、唯文凭、唯论文、唯帽子的顽瘴痼疾，从根本上解决教育评价指挥棒问题。”因此要深化教育体制改革，将教育评价导向调整到重视学生德育情况上来，提升教育事业发展活力。

第五章　高校专业课与课程思政建设

本章的主要内容是高校专业课与课程思政建设，我们主要从高校专业课课程思政的内涵和育人资源、高校专业课课程思政的实践两个方面进行探究，期待能实现高校专业课与课程思政的完美融合。

第一节　高校专业课课程思政的内涵和育人资源

一、高校专业课课程思政的内涵

课程是为了培养人和教育人而产生的，培养人是课程的本体功能。研究课程思政就是要挖掘各门课程的育人功能，从而实现“立德树人”的“润物无声”，进一步促进学生的全面发展，培养出能够担当民族复兴大任的新时代新人。同时，课程思政建设也能够更好地推动教育改革的深化以及课程体系的建设，有助于提高教师队伍的素质水平，从而提高教学质量，实现高等教育“四个服务”的目标。

（一）高校专业课课程思政的相关概念

1. 课程思政

课程思政指以构建全员、全程、全方位育人格局的形式将各类课程与思想政治理论课同向同行，形成协同效应，把“立德树人”作为教育的根本任务的一种综合教育理念。首先，课程思政是一种教育教学理念。高校所有课程都具有传授知识、培养能力以及思想政治教育等功能，而课程思政就是要求高校各类课程充分发挥其内在的价值引领、知识传授和能力培养的功能。其次，课程思政也是一种思维方式，教师在教学中要有意、有机、有效地将思想政治教育与本课程的教学内容相结合，把人的思想政治培养作为课程教学的目标放在首位。最后，课程思政并不是要把专业课改造成思想政治理论课模式或者将所有课程都当作思政课程，改变专业课的本来属性，而是要求深入挖掘各类课程中的思想政治教育内容，将其转化为社会主义核心价值观的具体化、生动化的有效教学载体，并将之融入课程教学之中，充分发挥课程的思想政治教育功能，在“润物细无声”的知识学习中起到理想信念层面的精神指引作用。

2. 专业课与专业课课程思政

（1）专业课

专业课指的是高校根据既定的培养计划和培养目标所开设的教授学生专业知识和专门技能的课程。其任务是使学生掌握必要的专业基本理论、专业知识和专业技能，了解本专业的前沿科学技术和发展趋势，培养分析和解决本专业范围内一般实际问题的能力。

（2）专业课课程思政

专业课课程思政主要是根据习近平讲话精神以及相关要求，充分利用高校所掌握的资源，深入挖掘专业课中的育人功能，使专业课既能传授知识培养能力，又蕴含思想政治教育理念。在传授专业知识和技能的同时，对大学生世界观、人生观、价值观，尤其是在专业精神、职业道德等方面做出更具有针对性的指导，以实现思想政治教育与专业知识体系教育的有机统一，使高校真正成为为中国特色社会主义培养德智体美劳全面发展人才的社会主义高校。

（二）高校专业课课程思政的基本要素

1. 教师的自身要素

专业课教师即专业课的授课教师，是实现专业课课程思政的关键。无论是专业知识技能的传授，还是专业课中所蕴含的思想政治教育内容的挖掘，专业课教师都是必不可少的。专业课教师对大学生的言传身教体现了专业课教师自身的世界观、人生观、价值观，尤其是专业精神、职业道德等，对大学生有着重要影响。本节所界定的高校专业课教师是指，在高校中承担非思想政治理论课教学任务的教师以及非专职负责学生思想政治工作的教师。

2. 课程教学中的要素

课程教学是专业课课程思政的重要环节，其中包含教材和教法两个重要因素。专业课教材是专业课程教学的重要部分，承载着专业课程的内容，是专业课教学的重要参照，同时也是专业课课程思政的基础。教法，即教学方法，是专业课课程思政的手段。专业课教师所挖掘的思想政治教育资源、专业教材所要体现的思想政治教育元素都需要专业课教师采用合理科学的教法传授给学生，方能起到思想政治教育的作用。

（三）高校专业课的育人功能

完善高校专业课课程思政建设需要进一步挖掘高校专业课的育人功能，发挥高校专业课在思想政治教育中的作用，全面促进大学生思想政治素养的提升。从育人的角度来看，高校专业课的基本育人功能主要表现在以下几个方面。

1. 知识传授

高校专业课有着重要的知识传授功能。一方面，传授专业知识和专业技能是高校专业课最基本的功能。在专业课的教学过程中，专业课教学内容会与社会文化相结合，这也就意味专业课在传授专业知识和技能的同时还伴随着社会文化的传承。另一方面，专业课教学旨在解决专业问题，而在对问题的分析和研究的过程中，创新思维和创新意识必不可少。专业课在传授知识过程中，科技文化创新也在不断进行，如此一来，专业课的知识传授功能还具有文化创新的价值。

2. 价值引导

高校专业课在大学生的价值引导方面发挥着极为重要的作用。首先，高校专业课教师在日常教学过程中的言传身教对大学生的价值观树立有着不可替代的示范作用。而专业课教师对于社会主义核心价值观的践行也会进一步促使大学生将社会主义核心价值观内化于心。其次，专业课本身所蕴含的专业要求和专业精神与社会主义核心价值观以及社会主流思想相融合，充分发挥专业课在思想政治教育方面的浸润作用，可以使大学生在学习知识的同时树立正确价值观。最后，专业课可以增强大学生的价值判断能力。在面对如校园突发事件、社会热点现象、西方社会思潮等问题时，大学生经过专业课学习之后可以从专业角度出发，对其进行价值分析，进而做出正确的价值判断。

3. 行为规范

一方面，专业课教师的言行举止对大学生有着重要的示范作用。榜样的力量是无穷的。专业课教师是大学生在专业领域的引路人和指路人，更是大学生的榜样。专业课教师在日常生活和教学中，遵守校纪校规、法律法规，规范自身道德行为，对大学生有着重要引导和示范作用。在这样的引导和示范作用之下，大学生会更加懂得遵守校纪校规和行为准则。

另一方面，专业知识的学习对大学生的行为也有着一定的规范和制约作用。

大学生通过对专业知识的学习，专业要求和专业精神也会随之内化于心，而在这种影响下，大学生的行为举止会不自觉地遵循专业要求和专业精神的规范，从而养成良好的行为习惯。

二、高校专业课课程思政的育人资源

教师和课程是专业课课程思政的两个基本要素，高校专业课课程思政建设必须深入挖掘专业课教师和专业课课程这两个基本要素中的育人资源，使专业课课程思政具有坚实的基础。本节从专业课教师和专业课课程两个方面出发，对专业课课程思政育人资源进行研究阐述。

（一）专业课教师方面的育人资源

专业课教师是实现专业课课程思政的关键。无论是专业知识技能的传授，还是专业课中所包含的思想政治教育内容的传授，都需要以专业课教师为载体和媒介。而对于专业课教师而言，面对专业课课程思政，必然会面临三个问题，即“什么是育人”“拿什么育人”“怎么样育人”。本节将从专业课教师的育人意识、育人内容和育人能力三个角度着手对以上三个问题进行阐述。

1. 专业课教师的育人意识

现阶段，专业课课程思政存在专业教学和思想政治教育“两张皮”的问题，而要解决这一问题，首先就要提高专业课教师的育人意识。只有提高了专业课教师的育人意识，才能调动起其主动性，使其自觉地对专业课中思想政治教育资源进行挖掘，并将之融合到专业课教学之中，进而为专业课课程思政提供重要源动力。

专业课课程思政的重点在于要发挥专业课的思想政治教育功能，难点在于要对专业课中思想政治教育资源进行挖掘，这些都需要专业课教师的努力。那么，在面对重点和难点问题时，首先要解决的就是专业课教师的育人意识问题。只有将专业课教师的育人意识提高了，重点和难点问题才能有望得到解决。而要提高专业课教师的育人意识，首先，要提升专业课教师对专业课课程思政的认识，消除专业课教师在思想上的误区。目前，“课程思政”这一概念提出的时间不长，而专业课课程思政对于许多高校专业课教师而言更是一个新的概念。专业课教师对专业课课程思政的认识深度不够，难免会产生误解，认为专业课课程思政就是要求专业课教学的“泛思政化”。因此，要提高专业课教师的育人意识就要先帮助专业课教师厘清思想政治教育与专业课程之间的关系，消除思想政治教育会干扰专业课程自身的教学活动和减弱教学效果的误区，认识到思想政治教育能够深化教学的内涵，提升教学的效能以及教学的思想性和人文性。其次，要充分调动专业课教师在教学之中融入思想政治教育的主动性和积极性，使其育人意识得以提升，并以积极的态度开展课程思政工作。而要做到这一点，就必须帮助专业课教师加深对专业课课程思政的要求和价值的理解及其对专业课的知识、能力、情感态度、价值观教育一体化的作用的认识，明确科学思维、人文素养和价值观协同塑造对于学生成长的重要性。唯有如此，才能提高专业课教师对课程思政的必要性和重要性的认识，进而提高专业课教师的育人意识，从而满足实现专业课课程思政的内在需求，使专业课教师能够主动、积极地提升自身的思想政治素养和思想政治教育能力，精研教材，并不断深入挖掘专业课中的思想政治教育内涵，将专业课教学和思想政治教育有机结合起来，形成有效的自我激励机制。

2. 专业课教师的育人内容

解决“拿什么育人”问题就是要明确专业课教师的育人内容。本节将从专业课教师角度出发，从专业课教师自身的思想政治素养、专业课教师对专业课程的理解以及专业课教师对课程育人资源的挖掘三个方面着手对专业课教师的育人内容进行阐述。

（1）专业课教师自身的思想政治素养

高校教师要做好思想政治工作首先就要做好自身的思想政治工作，要不断提高自身的思想政治素养，这一点同样适用于专业课课程思政。专业课教师要解决“拿什么育人”的问题，其出发点不能仅限于“课程”这一个方面，专业课教师自身的思想政治素养是专业课课程思政的一大重要内容。无论是专业课教师自身的思想政治素养，还是专业课教师对专业课程的理解以及专业课教师对课程育人资源的挖掘，都不能仅仅形式化地停留在课堂教学上，还需要专业课教师付诸实践、身体力行，在自身的思想政治素养上有所体现，注重对学生的言传身教。正如南开大学的周其林院士，始终秉承寓教育于科研、寓教育于日常的育人理念，教书育人取得累累硕果。他言传身教，为国家培养的优秀博士和硕士研究生中多人入选国家“万人计划”、长江学者等高层次人才奖励计划，他被评为全国教书育人楷模。而当前的专业课课程思政的改革就是需要更多的“周其林”。所以，专业课教师要实现自己课程的专业课课程思政，就必须不断提高自身的思想政治素养。因此，专业课教师要在努力挖掘课程育人资源的同时不断提高自身的思想政治素养。

专业课教师的思想政治素养表现在以下六个方面：第一，政治要强。这就要求专业课教师必须做到信仰坚定，政治过硬。一方面，信仰坚定集中体现在对马克思主义信仰的坚守和践行上。另一方面，政治过硬强调的是专业课教师在看问题时政治站位要高，在涉及“敏感问题”时要保持政治清醒，做到观点鲜明，严格遵守党规党纪。第二，情怀要深。教师要具备深厚的情怀即高尚的心境和情感，具体体现为家国情怀和人民情怀。在课程思政的新要求下，专业课教师要善于在家国情怀的感召下从党和人民的实践中汲取时代和社会的养分，将思想政治教育与专业知识技能教学有机融合起来，做新时代有大格局、大情怀的专业课教师。第三，思维要新。专业课教师在专业课课程思政的实践中要深刻理解和把握事业、时代和形势发展，在将思想政治教育融入专业教学的课堂中，更新教学理念、丰富教学内容、创新教学方式，帮助学生树立正确的新思维。第四，视野要广。专业课教师要有宽广的知识视野、国际视野和历史视野。宽广的知识视野要求专业课教师不断拓展自身对专业领域研究的广度和深度。宽广的国际视野要求专业课教师全面客观地认识和看待当代中国和外部世界。宽广的历史视野要求专业课教师历史性地看待问题。第五，自律要严。一方面，专业课教师要严于律己，不断提高自身的学术水平和教学能力。另一方面，专业课教师要严格遵守党纪国法和教学纪律，做到不违规、不逾矩，“课上课下一致、网上网下一致”。第六，人格要正。专业课教师要不断提高自身的人格魅力，做到“用高尚的人格感染学生、赢得学生，用真理的力量感召学生，以深厚的理论功底赢得学生”，用人格魅力博得学生的喜爱。人格要正最根本的是要具有高尚的师德。专业课教师要做到以德立身、以德立学、以德施教。

（2）专业课教师对专业课程的理解

专业课教师之所以能够在专业课堂上开展教学工作，正是因为其在专业领域有着长期的探索和研究。每个教师的人生经历不同导致每个教师的世界观、人生观、价值观也有所不同，这也使每个专业课教师对专业课程的理解也会有所差异。专业课教师可以在专业课教学过程中，结合自身对于专业课的理解，融入思想政治教育的内容，进而实现专业课课程思政。例如，上海对外经贸大学专业课“跨文化管理”，该课程专业课教师结合自身对课程的理解，在课程教学中以“企业的国际化经营”为出发点，以“文化差异”为核心，采用案例教学和网络研讨的方式，重点阐述跨文化沟通和谈判、跨文化团队和组织、跨文化营销和人力资源管理的原理和方法，在此过程中弘扬中华民族传统美德，提倡集体主义和爱国主义，帮助学生树立正确的世界观、人生观和价值观，养成良好的职业道德等，突出了思想政治教育功能。

专业课教师对专业课程的理解主要体现在三个方面。首先，体现在对专业课程的认识上。每个教师在人生阅历以及专业领域研究的时间、角度、深度等方面有所不同，使其对于专业课程的研究意义、实际作用、发展方向等方面的认识也因人而异。而这些对于高校学生的专业课学习而言，具有重要的引导和教育作用。专业课教师在专业课教学中可以从自身对于专业课程的认识出发，结合社会主义核心价值观，帮助学生在专业课学习的同时树立对专业课程的正确认识。其次，体现在专业课教师的专业态度上。专业课教师的专业态度体现在课前准备、课堂教学、课后评价等方面，是专业课教师专业精神和职业精神的集中体现，也是专业课教师对学生言传身教的重要方面。要实现专业课课程思政，专业课教师首先要端正自身的专业态度，做好专业课教学以及专业研究的每一个环节，为学生在职业精神和专业精神方面树立一个好的榜样。最后，体现在专业课教师的专业追求上。专业课教师的专业追求体现了专业课教师对专业课程的认识深度，体现了专业课教师的专业态度，能够充分展现专业课教师的奋斗精神，是对学生最好的理想信念教育。因此，专业课教师要在专业领域明确并坚定自己的远大追求，同时在日常的教学和研究中付诸实践，脚踏实地，求真务实，努力奋斗，不断在专业领域和专业教学中寻求新突破，用自身的行动对学生进行理想信念教育。

（3）专业课教师对育人资源的挖掘

专业课课程思政是建立在所有的专业课程的基础上的，这就要求所有的专业课教师都要深挖自己课程中的思想政治教育资源并融入日常教学之中。专业课教师对专业课程中思想政治教育资源的挖掘程度体现了专业课教师其自身对于专业课程理解的深度，也体现了专业课教师自身的思想政治素养，更体现了专业课教师课程育人的能力。以上海中医药大学的“医古文”课程为例，该课程专业课教师对课程中的育人资源进行深入挖掘，将中国古代医家学术思想、传统医学伦理思想精华融入课程教学之中，使课程从原先的语言文字类课程发展成为医学人文和医德医风教育的导引课。所以，专业课教师必须努力挖掘自己课程中的育人资源，并结合自身的经验和理解将其融入课程教学之中，才能更好地发挥自己课程的思想政治教育的作用。而要做好对专业课程育人资源的挖掘工作，专业课教师可以从以下几点入手：

首先，专业课教师想要挖掘课程的育人资源可以从知识背后的创造者着手，他们高尚的情操、伟大的人格和崇高的精神追求都是专业课程中的重要育人资源，都可以作为课堂教学的重要内容。这就意味着专业课教师要对知识背后创造者的高尚情操和人格以及强大的精神追求有着深入的了解。在此基础上，专业课教师才能在讲清专业理论知识的同时讲好知识背后的故事，为专业课教学注入精神动力和精神力量。

其次，专业课教师还要从自己课程的知识体系着手，结合知识体系所需要的精神培养重点，对课程的育人资源进行深入挖掘，以实现思想政治教育与专业教学的互补性融合，使课程知识蕴含思想政治教育内容，引导学生树立正确的价值观念，使学生牢固“四个自信”，努力学习，为做有知识、有本领、有担当的新时代有为青年而奋斗。

最后，专业课教师队伍要对每一位教师所挖掘的课程育人资源进行归纳总结，从而形成专业课课程思政的教学指南和规范。专业课教师对课程育人资源的挖掘的深度和广度会因人而异，尤其是对于年轻的专业课教师来说，挖掘专业课程的育人资源颇具挑战。所以，专业课教师队伍必须形成合力，将每一位专业课教师所挖掘的育人资源进行整合，充分利用老教师的经验和新教师的创造力，在明确专业课中的思想政治教育元素的同时，提高专业课教师的整体素养，也使高校专业课思想政治教育水平提高。

3. 专业课教师的育人能力

要解决“怎么样育人”的问题，就是要在树立正确的育人意识，明确相关的育人内容的基础上，充分利用专业课教师自身的育人能力，充分利用课堂教学、课下引导等方式，结合专业课的特点属性等，将思想政治教育与专业教育相结合。而在这个过程中，专业课教师的育人能力是关键。本节从专业课教师的思想政治教育能力、专业能力、教学能力着手，对专业课教师应具备怎样的育人能力进行分析阐述。

（1）专业课教师的思想政治教育能力

要解决现阶段高校思想政治教育与专业教学“两张皮”的问题，一方面要提高专业课教师的育人意识，调动起专业课教师的主动性；另一方面要提高专业课教师的思想政治教育能力，使专业课教师有能力参与到高校思想政治教育工作中，从而真正发挥其在高校思想政治教育中的重要作用。

专业课课程思政需要专业课教师的思想政治教育能力做支撑。专业课教师的思想政治教育能力不够，思想政治教育就无法与专业教学有机融合，专业课课程思政也无法真正落到实处。而专业课教师的思想政治教育能力体现在以下几个方面。

第一，专业课教师对思想政治教育体系的运用能力。这是专业课程教师能够实现专业课课程思政的基础。要做到这一点，专业课教师需要进行一定的常态化培训以提升思想政治素养，理解思想政治教育的基本内涵与逻辑，掌握思想政治教育的内容体系，并辅以伙伴式学习以逐步具备思想政治教育的基本能力和素养。

第二，专业课教师对思想政治教育的话语体系、特征和规律的掌握程度是推动专业课教师胜任的重要前提。每一个学科都有其特定的话语体系，以及特定的规范要求，思想政治教育亦是如此。思想政治教育不仅有其生动性和人文性的因素，更有严肃性蕴于其中。专业课教师要充分了解思想政治教育的特性，并结合其基本规范和要求，寻求一个合适的方式将思想政治教育融入专业课教学之中，从而达到更好的育人效果。

第三，专业课教师将思想政治教育与专业课程结合的对接意识，这是专业课教师实现专业课课程思政的重要推动力。将思想政治教育与专业课程主动进行结合的对接意识，将有助于专业课教师将已内化于心的思想政治教育的核心原则和要求更好地与自身课程内容和特性相结合，从而挖掘出更多的思想政治教育元素，进而融入日常课程教学之中。

（2）专业课教师的专业能力

专业课教师的专业能力是其能够从事专业教学的基础，同时也是专业课教师进行专业课课程思政的基础。一方面，专业课教师的专业能力决定了专业课教师的教学水平。有了过硬的专业能力，专业课教师在专业课课堂教学中才能做到游刃有余，使学生发自内心地尊敬专业课教师，有利于学生在专业课程上的学习，同时也为专业课教师成功将思想政治教育内涵融入专业课教学中奠定基础。同时，专业课教师的专业能力能够在一定程度上体现专业课教师的专业态度、专业追求和专业精神。在专业课教师的言传身教之下，学生对于专业的认识和理解也会有所变化，从而影响到学生职业观和理想信念的养成。另一方面，专业课教师的专业能力也影响到专业课教师对课程的理解以及对课程育人内容的挖掘。专业课教师的专业能力越强，对专业课程的理解也就越深入，在课程思政的要求下也能够从专业课程中挖掘到更多的育人资源，进而更好地实现专业教学与思想政治教育互相交融。因此，专业课教师要不断提升自身的专业能力，为专业课课程思政建设奠定更好的自身基础。同时，这也能够使学生更加地尊敬专业课教师，使学生能够更好地吸收专业课教师所传授的专业知识和专业技能，而融入其中的思想政治教育内容也更容易内化于心。学生的表现对于专业课教师也形成鼓励，促使专业课教师进一步提高专业能力，从而形成一个良性循环。

（3）专业课教师的教学能力

教学能力是作为教师所必不可少的一项能力。在课程思政要求下，专业课教师要展现自身的育人意识、育人内容以及专业能力，就必须要具有一定的教学能力作为依托。以复旦大学新闻传播专业的“中国新闻媒介史”课程为例，该课程专业课教师以课堂讲授为主，辅之以问题讨论、文献阅读、视频录像观赏、史迹踏访和案例分析等其他教学手段阐述新闻传播事业在中国产生与发展的历史进程，从而给予学生理解中国新闻史的正确方向和方法，构建学生正确的中国新闻史观念。所以，要实现专业课课程思政，势必要提高专业课教师的教学能力，使专业课教师的育人意识有所体现，育人内容有所展现，专业能力有所发挥，从而把专业课课程思政落到实处。在专业课课程思政环境下，专业课教师的教学能力主要包括以下几个方面。

第一，研究学生的能力。专业课课程思政要求专业课教师将思想政治教育有机融合到专业教学之中，这就需要专业课教师对学生的专业知识能力和思想价值观等方面进行全面、深度的研究，以便于其在专业课课程思政的实施过程中能够及时发现学生所存在的问题，并从专业教育和思想政治教育两个维度进行思考和解决，从而真正做到因材施教。第二，课程与教材设计开发的能力。这是专业课课程思政中的一个重要环节，它关系到专业课课程思政的可行性以及能够取得怎样的预期效果。这一能力的形成既需要专业课教师的个人努力，也需要思想政治教育领域专家学者的助力。第三，课程思政教学与管理的能力。专业课教师在课程教学中要营造一个好的氛围和环境，以吸引学生的兴趣和注意力。同时，专业课教师还要通过启发讨论等方式引导学生深入思考和研究，以保证课程思政的教学效果。第四，课程思政评估的能力。这要求专业课教师要掌握利用评估手段对专业课课程思政教学效果和学生的思想政治素养的发展状态进行评估。同时，专业课教师还要引导学生对自身的专业素养和思想政治素养进行自评，以便于完善专业课课程思政的评估体系。第五，反思总结的能力。要实现专业课课程思政，必然会发现和遇到许多问题和困难，专业课教师在实践过程中要不断反思教训、总结经验，在提高自身能力和教学效果的同时推动专业课课程思政的发展。

（二）专业课课程方面的育人资源

要实现专业课课程思政，专业课课程是基础。专业课教师的所有工作都必须建立在专业课课程的基础之上。所有专业课课程都承载着丰富的思想政治教育资源，对专业课课程中所蕴含的育人资源的挖掘无疑是专业课教师解决“拿什么育人”问题的又一大落脚点。本节从专业课课程本身出发对专业课程所共有的育人资源进行挖掘，并以自然科学类和社会科学类专业课程为例，对其中所蕴含的育人资源进行具体阐述。

1. 专业课课程中所蕴含的育人资源

专业课课程中所蕴含的思想政治教育资源因其专业、学科属性不同而有所差异，但又因其都属于专业课程范畴，所以其中的育人资源也必然存在共性。本节将从专业课的课程教学和教材设计两个方面对专业课课程中所蕴含的育人资源进行阐述。

（1）专业课的课程教学方面

①专业课的教学时长。

专业课课程的教学时长包括专业课教学的单次时长和总时长，这在一定程度上决定了学生接受专业课程和专业课教师直接影响的时长。专业课教师会根据教学时长对专业教学进行安排和调整，并考量在专业课教学中如何合理安排思想政治教育所占的比重。同时，在专业课教学期间，专业课教师自身的思想政治素养也会对学生起到一定的熏陶作用。例如，上海外国语大学的“翻译理论与实践”课程，专业课教师在课上会留出十五分钟时间进行时事用语教学，以此来与学生共同探讨、学习，而非生硬地灌输给学生。这样的教学时间安排既有利于提高学生上课的注意力与积极性，也使学生有机会在课堂上关注时政热点话题，更有助于专业课教师了解学生的思想动向，并及时对其进行思想政治教育。

②专业课的专业视野。

专业视野指的是因看待世界的角度不同而对事物有着独特的见解。专业课因其专业、学科属性的不同，给学生所呈现的专业视野也会有所不同，而学生受长期专业学习研究的影响，在潜移默化之中也会利用专业视野去看待世界，对事物的看法和观点也会发生变化。要实现专业课课程思政，为学生呈现一个正确的专业视野至关重要。这有助于学生树立正确、积极的世界观、人生观、价值观，有助于学生更好地践行社会主义核心价值观，成为实现中华民族伟大复兴的新时代新人。例如，东华大学的“中国服装艺术史”课程，该课程以其独特的专业视野为切入点，以冕服制度，唐代、明代染织服饰等为例，采用图像资料教学，生动形象地介绍了中国古代服饰文化对东亚诸国产生的重要影响，在弘扬民族文化，培养学生对中华传统文化的热爱和兴趣的同时，也加深了学生对中国古代传统文化在东亚文化中历史地位的认识，加强了学生对中国传统文化特色的认知，增强了学生的民族自信心。

③专业课的精神内涵。

不同属性的专业课因其专业特点和专业要求在精神内涵上的侧重点有所不同。比如，理科类专业课重视科学精神，工科类专业课强调工匠精神，社科类专业课注重人文精神。这些专业课课程所蕴含的精神内涵是专业课进行思想政治教育的重要内容。要实现专业课课程思政，就必须将专业课课程的精神内涵充分融入专业教学之中，并在专业实践中不断强化，使其内化到学生的心中。另外，在专业课教学之中必然会涉及相关领域的学者，他们既然可以取得在相应领域的重大成就，其在专业领域或精神品质等方面必然有一定的过人之处。将这些学者的过人之处充分挖掘并在课堂教学之中充分利用，可发挥其对于学生的激励和促进作用。以上海中医药大学的“人体解剖学”课程为例。该课程结合其中所蕴含的尊重生命的精神内涵，融入感恩教育和责任意识教育，不仅让学生学习到了解剖技能，更引发了学生对生命意义的思考和对医学生责任意识的审视。

（2）专业课的教材设计方面

专业课教材是专业课课程中的重要部分，在专业课课程思政条件下，专业课教材也必须要充分发挥其思想政治教育的作用。而要做到这一点，就必须要把握和利用专业课教材所具有的以及能够起到思想政治教育作用的特点。

①专业课教材的严谨性。

专业课因其专业性强的特点要求在学习和研究中必须严谨，而专业课教材作为高校学生进行专业课学习的重要参考，其内容的编排就必然要将严谨性放在突出位置。比如，自然科学类专业课教材中的研究数据，社会科学类专业课教材中的文字描述等，都需要秉承严谨精神方能保证教材的权威性。这也会在一定程度上让学生感受到在专业学习和研究中严谨的重要性，从而强化学生在专业课学习和研究中的严谨意识。

②专业课教材的可读性。

许多专业课教材注重对专业理论知识的阐述，而忽略了将专业知识与学生普遍关心的问题相结合，使其趣味性不够，可读性不强。而要增强专业课教材的可读性，一方面要将专业内容与生活实际相结合。比如，自然科学类专业课教材可以在阐释专业理论知识的同时结合现实中的现象进行分析，让学生更真切地理解专业理论知识，社会科学类专业课教材可以结合一些社会热点话题，从专业角度引发学生的思考。另一方面要将专业精神、职业道德等元素融入专业课教材之中。比如，将专业领域的名人专家的生平经历进行介绍，重点突出其精神品质，让学生在学习专业知识的同时还能够寻找到自己的榜样。

③专业课教材的进步性。

当今世界在不断发展之中，专业课程所涉及的专业研究领域也在不断深入并走上一个又一个新的台阶。专业课教材作为高校学生了解专业领域的一个重要窗口，其涉及的专业内容也必须紧跟时代，与时俱进，不断创新。这就要求专业课教材在阐释专业领域知识技能相关内容的同时，还要将现阶段专业领域研究的前沿成果和方向展现给学生，让学生充分了解当前专业领域的发展情况以及未来前进方向，从而让学生能够在学习专业知识技能的同时找到自身的兴趣点和突破点，增强学生的开拓创新意识。

2. 具体专业课课程中的育人资源

专业课虽然具有一定的共性，但又因其存在学科属性等方面的差异，不同的专业课又具有一定的特性。本节将以自然科学类和社会科学类专业课程为例，对不同属性的专业课所具有的育人资源进行阐述。

（1）自然科学类专业课课程育人资源

①自然科学与思想政治教育的内在关系。

一方面，自然科学是思想政治教育指导思想与核心内容的重要来源。首先，马克思主义理论是我国高校进行思想政治教育的指导思想和核心内容。早在1987年中共中央发布的《关于改进和加强高等学校思想政治工作的决定》中就已明确指出，思想政治教育是一门以马克思主义理论为基础的科学。在2016年12月的全国高校思想政治工作会议上，习近平强调，要办好党领导下的中国特色社会主义高校，必须坚持以马克思主义为指导。由此，我们可以明确的是，我国高校思想政治教育的指导思想和核心内容就是马克思主义理论。其次，自然科学又是马克思主义理论的重要来源。以19世纪自然科学“三大发现”的细胞学说、生物进化论以及能量守恒和转化定律为代表的自然科学的发展沉重打击了宗教神学，是马克思主义理论产生和发展的重要来源。所以，自然科学是思想政治教育指导思想与核心内容的重要来源，两者联系密切。

另一方面，自然科学是实现思想政治教育目标的重要载体。我国思想政治教育的目标是，为我国社会主义现代化发展培养出德才兼备、德智体美劳全面发展的社会主义建设者和接班人。而自然科学中的将引导学生求真创新的科学精神与引导学生关注人类与社会的人文精神相融合是实现这一思想政治教育目标的重要载体。自然科学中的自然精神随着自然科学研究的不断深入而不断发展演化。真正理解其中的科学精神、对科学本身有一个整体认识之后便会发现，在人们对自然科学的探索和研究中，求真创新是科学精神最核心的内涵。这一核心内涵以及由此衍生出的一系列精神品质是自然科学带给人类的宝贵精神财富。自然科学中的人文精神，自近代科学诞生以来就与自然精神紧密结合，许多自然科学技术的研究和成果都体现了人文精神。比如，现代医学的发展减轻了病痛对人类的折磨，使人类的生活质量不断改善，机械化和自动化技术使人们从繁重的体力劳动之中解放出来。这些自然科学研究成果背后的一代又一代优秀的科学家为了社会、民族、国家、人类的未来而付出时间、精力甚至是自己宝贵的生命，这更是展现出了自然科学与人文精神的高度结合。由此可见，自然科学承载着实现思想政治教育目标的重要使命。

②自然科学类专业课课程中所蕴含的思想政治教育资源。

自然科学是一门从哲学中分离出来的独立学科，在自然科学的研究过程中离不开哲学思想的指导。两者的紧密联系使自然科学类专业课也蕴藏着丰富的思想政治教育资源。

一方面，自然科学类专业课所涉及的许多自然科学概念和原理运用了唯物辩证法，学生可以从中汲取营养，从而形成正确的世界观和方法论。比如，在物理学中，分子、原子的相关理论有力地证明了辩证唯物论的思想，同时也能够反映出唯物辩证法中的联系观、发展观以及辩证否定观等思想。如果专业课教师能够将这些融入课程教学之中，既能够让学生更好地理解这些专业知识内容，增强学生的分析判断能力，提高课堂教学的质量，又能够使学生在学习专业课程知识内容的同时增进对马克思主义理论的认识和理解，从而逐渐接受该理论的指导，形成正确的世界观和方法论，达到思想政治教育的效果。

另一方面，在自然科学类专业课程的学习和研究过程中，受知识背后创造者的精神品质的影响，学生也能够在不知不觉中形成良好的作风和习惯。在自然科学类专业课程的研究和实验中，失败在所难免。专业课教师在这时如果引导得当，对学生形成良好的精神品质是大有裨益的。同时，在一次次的失败中摸索，直至成功的体验，也能够让学生学习到认识的规律，逐步形成注重实践，实事求是的科学态度。

（2）社会科学类专业课课程育人资源

①社会科学与思想政治教育的内在关系。

社会科学是一门研究社会现象和人类思想活动，揭示人类社会发展规律的学科，具有知识性、学术性和意识形态性。这些特性决定了社会科学是高校思想政治教育的重要载体和有益支撑。具体而言，社会科学与思想政治教育的关系主要体现在以下几方面。

第一，社会科学是高校思想政治教育的重要载体和力量。社会科学与思想密切相关，它阐述了人类社会实践活动的各个方面的内容，并揭示了社会各要素的内在规律，为人类的思想和实践活动提供理论依据，是人们认识世界、改造世界的重要工具，对人们的世界观、人生观和价值观有着重要的影响。这与思想政治教育有着高度的一致性，这种一致性使社会科学成为高校思想政治教育的重要载体和力量。

第二，社会科学为思想政治教育提供必要的学科支撑和学术资源，是思想政治理论课的有益补充。社会科学与思想政治教育有着深厚的学科渊源。马克思主义理论不仅涉及哲学和意识形态，还涉及经济学、政治学、法学等诸多社会科学学科。这些社会科学学科为学生思想政治素养提升提供了丰富的资源和养分，是思想政治教育的学科支撑。

第三，从课程角度来看，社会科学类专业课课程与思想政治理论课之间具有相互促进作用，能够为彼此发展提供助力。社会科学类专业课课程是思想政治理论课的丰富和补充，而思想政治理论课为社会科学类专业课课程提供了正确的政治方向和思想保障。专业课教师如果能够运用好两者之间的关系，也必然能够为学生指明正确的政治方向，使专业课课程思政上升到一个新高度。

②社会科学类专业课课程所蕴含的思想政治教育资源。

第一，绝大部分社会科学类专业课课程具有鲜明的意识形态属性。社会科学类专业课课程既涉及知识体系，也涉及价值体系，是科学知识教育与意识形态教育的统一。不同的社会科学类专业课课程虽在知识内容、研究对象等方面有所差异，但都会涉及世界观、人生观、价值观等问题。在这些问题上，社会科学类专业课课程中有着丰富的思想政治教育资源。比如，在历史学专业课课程的教学中能够让学生感悟到人民群众是历史发展的主体、人类社会发展必须依靠人民，从而使学生在学习历史学专业课课程的同时增强对马克思主义唯物历史观的理解。社会科学类专业课教师充分利用好这一点，不仅能够让学生更好地掌握社会科学类专业课课程的知识体系，还能够引导和教育学生树立正确的世界观、人生观和价值观，使学生形成崇高的责任感和使命感，坚定政治信念，以积极向上的人生理念和生活态度面对一切。

第二，社会科学类专业课课程具有陶冶情操和塑造高尚品德的价值意蕴。社会科学中蕴含着丰富的道德思想和道德规范，对学生的道德素养形成有着重要的影响。社会科学类专业课课程通过强大的理论力量，能开阔学生的眼界，提高学生鉴别是非、善恶、美丑的能力，从而在潜移默化之中影响学生，让其明确其道德目标和精神榜样，促使其追求高尚的道德情操和精神境界，从而提高其思想政治素养。

第三，社会科学类专业课课程对于提高学生综合素质有重要作用。一方面，社会科学类专业课课程能够从多个视角和方位对学生的综合素养、实践能力进行培育，并促进学生的协调发展，引导学生成为有理想、有道德、有文化、有纪律的社会主义新人。另一方面，社会科学类专业课课程的教学有利于培育学生理性平和的健康心态。社会科学类专业课课程的教学往往会通过多种途径、多种形式的交流和讨论，这能够扩大学生的视野，使其形成开放包容、求同存异、和平共处、共同进步的思想，为构建高校和谐人际关系奠定良好的心理基础。

第二节 高校专业课课程思政的实践

当前，专业课课程思政理念提出不久，各高校专业课课程思政的理论和实践还处于摸索阶段。本节参考已有的相关文件以及研究成果，从专业课教师、专业课课程、协同育人机制、评估体系四个方面出发，提出具有参考性的实践路径。

一、不断提高专业课教师综合能力素养

（一）不断提高专业课教师的思想政治素养

在专业课课程思政建设中，专业课教师的思想政治教育能力尤为关键。而要提高专业课教师的思想政治教育能力，首先，必须要把提升专业课教师的思想政治素养放在首位。一方面，在专业课教师的选拔录用上，要严格考察应聘者的思想政治素养，对于思想政治能力考查不过关者坚决不录用；另一方面，要加强对专业课教师的思想政治教育。专业课教师要深入学习马克思列宁主义、毛泽东思想和中国特色社会主义理论，牢记“四个意识”（政治意识、大局意识、核心意识、看齐意识），坚定“四个自信”（中国特色社会主义道路自信、理论自信、制度自信、文化自信），在思想政治素养不断提升的同时增强育人意识以及思想政治教育能力。其次，要增强专业课教师队伍与思想政治理论课教师队伍之间的协同交流。在学习和交流中，不断提升自己的思想水平和政治觉悟，从而更好地把握主流思想，并结合高校学生的思想政治动向，充分发挥专业课程的思想政治作用。最后，专业课教师在工作、学习和生活中要践行社会主义核心价值观，坚定理想信念，树立终生学习的理念，不断提升自己的道

德素养和文化素养，进而在专业课教学中更好地融合思想政治教育理念，引导学生树立正确的世界观、人生观和价值观。

（二）不断增强专业课教师的专业能力

高校要不断增强专业课教师的专业能力。第一，在进行专业课教师的选拔时要对专业课教师的专业能力进行严格的考核，以确保其具有专业教学的能力和资质。第二，高校要重视专业课教师在任职之后的专业能力提升。一方面，高校要为专业课教师尽可能地提供有利于其提升专业能力的外部条件，在硬件设施和资金等方面也要给予充分的支持，同时还要争取更多的高校之间学术交流的机会，给专业课教师充分的发展空间；另一方面，要对专业课教师的专业能力进行阶段性考核，以促使专业课教师在其专业领域不断深入研究，扩大专业课教师挖掘专业课程思想政治教育资源的空间。

（三）不断提升专业课教师的教学能力

要提升专业课教师的教学能力，就要从以下几点入手。第一，高校对于新教师要加强针对其教学能力的培训，并对新教师的教学能力进行严格考核。第二，对专业课教师的教学能力进行定期培训，尤其是针对在专业教学中融入思想政治教育内容能力的培训。第三，增加老教师与新教师之间的教学经验交流，在给予新教师更好的成长空间的同时也为老教师提供新的教学思路参考。第四，高校要制定针对专业课教师教学能力的评估方案。比如，定期以教学比赛等形式对专业课教师进行教学能力评估，收集学生对于专业课教师的教学评价等。

二、继续完善专业课课程体系建设

（一）不断改进专业课课程的教学模式

一方面，要明确不同专业课程所蕴含的思想政治教育内容，立足于专业课课程思政的要求，制定科学可行的教学大纲和教学指南。与此同时，要尊重不同学科属性专业课程的差异性和独特性，结合专业课程的学科特点和专业特征，将思想政治教育教学方案有机融入，形成具有专业特色的专业课课程思政教学方案。另外，各学科、各专业课程教学指南还应当相互映衬、相互支撑，增强思想政治教育教学的系统性和整体性。

另一方面，要建立健全相关教学管理制度，不断改进课堂教学的方式方法，强化思想政治教育在课堂教学中的作用。课堂教学是推进专业课课程思政的核心环节。在专业课课程思政建设中，必须合理规划教学时长，加强课堂教学管理，提升课堂教学质量，不断推进课程体系建设，完善课堂教学模式。

（二）不断提高专业课教材的编审水平

首先，加强教材编审，完善专业课教材体系。专业课课程思政建设必须建立起一个立场端正、内容科学、体系完备，能够充分适应中国国情和社会发展实际，符合中国特色，具有中国风格和中国气派的专业课教材体系。同时，要建立健全教材编订和审核管理制度以及国家优秀教材评选奖励制度，在增强专业课教材规范性、科学性和权威性的同时，不断完善学术评价体系和评价标准。

其次，加强教材建设，夯实专业课课程思政的基础。教材是体现教学内容和教学方法的知识载体，是进行教学的基本工具，也是深化教育教学改革、全面推进素质教育、培养创新型人才的重要保证。教材本身具有鲜明的意识形态属性，是意识形态领域的重要组成部分，直接关系到本国意识形态的控制，从本质上说，教材就是要为本国的意识形态服务。因此，要从培养接班人的战略高度认识教材出版领域加强意识形态建设工作的重要性和紧迫性；要建立和完善教材审议和审查制度；要增强教材编写人员的政治意识、责任意识，特别要提高教材编写人员的政治敏锐性和政治鉴别力。

三、强化专业课课程思政协同育人机制

（一）加强高校党组织的领导

高校党委是高校各项工作的领导核心，专业课课程思政建设需要牢牢建立党对高校工作，特别是意识形态和思想政治工作的领导权。同样，专业课课程思政建设也需要充分发挥并不断加强高校党组织的领导作用。

首先，高校党委要高度重视专业课课程思政工作，强化自身主体责任意识。一方面，高校各级党委书记和主要领导要充分认识党委在专业课课程思政建设中的领导模范作用，继承和发扬各级党委书记和主要领导亲自上党课这一党加强自身建设的优良传统，做到亲上课堂、以身作则，在教学上为专业课教师做模范、树标杆。另一方面，专业课课程思政建设需要高校各级党委的统筹和协调，尤其是在教师队伍协同合作和资源配置上。高校各级党委要充分考察各院系的实际情况，从而科学制定专业课课程思政建设方案，合理分配专业课课程思政建设所需资源，积极组织专业课教师队伍与思想政治理论课教师队伍的协同合作。

其次，专业课教师党支部要发挥其组织领导作用，为专业课教师提供学习和进步的机会。一方面，专业课教师党支部要做好党的理论思想学习工作，要牢牢把握对专业课教师做好思想政治工作的领导权，不断加强专业课教师对习近平新时代中国特色社会主义思想的学习，提高专业课教师的思想政治素养；另一方面，党支部在组织专业课教师学习的同时，要结合专业课课程思政，运用主题党日、组织生活会等活动开展专业课课程思政建设，思考和讨论如何将思想政治教育内容与专业教学相结合，使专业课教师党支部成为思想政治教育的主阵地之一。

（二）加强教师队伍之间的协同合作

专业课课程思政要求专业教学与思想政治教育相结合，这意味着专业课教师必须具备一定的思想政治教育的能力。但在实际工作中，专业课教师因长期致力于专业领域的研究和工作，其思想政治教育能力有一定的局限性。这就需要专业课教师队伍与思想政治理论课教师队伍之间协同合作。这不仅有利于专业课教师提高自身的思想政治教育能力和挖掘专业课程中思想政治教育资源的广度和深度，也有利于思想政治理论课教师增加思想政治理论课教学的素材支持和智慧支持。

要加强这两支教师队伍的协同合作，就必须建立常态化的工作合作机制。首先，要加强教师队伍之间的教学设计合作。专业课教师在对专业课程进行教学设计时，可以邀请思想政治理论课教师参与并对专业课教师挖掘的思想政治教育元素进行把关、讨论，来提高专业教育与思想政治教育结合的契合度。其次，要加强教师队伍之间的教学过程合作。专业课教师和思想政治理论课教师可以互相听课、相互上课，在教学过程的交流中既能够提高专业课教师的思想政治教育能力，又能够帮助专业课教师找到在课堂教学中融入思想政治教育的时机和切入点。最后，要开展教学研究和科学研究合作。借助学科的可融合性，在项目研究中相互参与，增进沟通，增进合作，加深专业课教师对思想政治教育的理解，提高专业课教师挖掘课程中思想政治教育资源的能力。通过构建常态化的工作合作机制，增进专业课教师和思想政治理论课教师彼此之间的交流，推进把思想政治教育渗透到专业教学的各个环节中，由此推动专业课课程思政的建设。

四、建立健全专业课课程思政评估体系

（一）专业课课程思政评估体系的评估目标

专业课课程思政的目标是以习近平新时代中国特色社会主义思想为指导，坚持知识传授与价值引领相结合，运用可以培养学生理想信念、价值取向、政治信仰、社会责任的题材与内容，全面提高学生明辨是非的能力，让学生成为德才兼备、全面发展的人才。在这一目标的指导下建立的专业课课程思政评估体系的评估目标自然也是为实现这一目标做保障和支撑的。换而言之，专业课课程思政评估体系的评估目标在于保障专业课课程思政的落实，为专业课课程思政改革做支撑。

（二）专业课课程思政评估体系的评估内容

专业课课程思政评估体系因涉及高校体制的许多方面，所涉及的内容也是非常全面的。本节从教师、课程、学生三个维度出发对专业课课程思政评估体系的评估内容进行阐述，并明确专业课课程思政评估体系的评估指标（如表5-2-1 所示），为专业课课程思政评估体系的构建提供一定的参考。

表 5-2-1　专业课课程思政评估指标

一级指标	二级指标	三级指标
专业课教师	思想政治教育能力	①自身的思想政治素养 ②对思想政治教育体系的运用能力 ③对思想政治教育的话语、特征和规律的掌握程度 ④将思想政治教育与专业课程结合的对接意识
	专业能力	①课堂知识的掌握了解程度 ②相关实践知识 ③相关科研成果
	教学能力	①研究学生的能力 ②课程与教材设计开发能力 ③课程思政的教学与管理能力 ④课程思政的评估能力 ⑤反思总结能力

续表

一级指标		二级指标	三级指标
课程	课堂教学	教学目标	①知识讲解透彻易懂 ②注重学生世界观、人生观、价值观的培养 ③注重对学生的知识传授和能力培养
课程	课堂教学	教学内容	①专业知识内容充实，时效性强 ②突出重点和难点
课程	课堂教学	教学过程	①课堂气氛活跃，师生互动融洽 ②调动学生的主动性和积极性，发挥学生主体性 ③突出对学生的思想政治教育
课程	教材	教材结构	①符合学生认知阶段特征 ②遵循学生身心发展规律 ③教材逻辑结构合理
课程	教材	教材内容	①严谨性 ②可读性 ③进步性
课程	教材	教材实践性	①符合时代特征 ②具有学科特色 ③符合主流意识形态和价值观
学生		政治素养	①对马克思主义信仰的认可和了解程度 ②对当下时政热点的关注程度 ③对中国特色社会主义最新理论成果的学习程度
学生		道德素养	①社会主义核心价值观认可和践行程度 ②对知识背后创造者精神品质的看法和认可度
学生		理论知识素养	①学生知识掌握情况 ②学生实践、创新能力提高 ③理论联系实际，合理运用知识

（注：三级指标为二级指标下更为明确的指标，各高校因实际情况不同而有所差异，表中内容供参考。）

1. 教师维度

专业课教师作为实现专业课课程思政的关键点，是专业课课程思政评估体系的重要评估内容，同时也是专业课课程思政的一级指标。专业课教师的思想政治教育能力、专业能力和教学能力是专业课教师之下的二级指标。

2. 课程维度

课程作为专业课课程思政的基础，同样是专业课课程思政评估体系的重要评估内容和一级指标。课程指标分为课堂教学和教材两个部分。

（1）课堂教学

课堂教学是高校进行教学活动的主要方式，其实施情况与教学密切相关。课堂教学由不同的教学目标和教学系统构成，是一个动态的、不断变化的过程。其中主要包括教学目标、教学内容和教学过程三大要素，这是课堂教学的三个二级指标。

第一，教学目标指的是教师通过课程教学所要达到的预期效果，是教学活动的最终目的。在实现过程中，教学目标往往会被教师按照一定的标准划分成若干个阶段或模块，从而循序渐进地引导学生实现阶段目标或模块目标，之后实现最终目标。

第二，教学内容是专业课课程思政的重要部分。专业课教师对专业课程中思想政治教育资源的挖掘、对专业课程的理解以及其思想政治素养等许多方面都能够在这一指标中有所体现。

第三，教学过程是指专业课教师发挥自身的引导作用，利用现阶段可利用的教学资源将知识、技能等教学内容传授给学生的过程，具有动态性和持续性，占据着大部分的课堂时间，因此教学过程也是课堂教学中一项重要的二级指标。

（2）教材

教材虽是一种传统的教学工具，但因高校教学理念和教学手段的不断进步和发展，使其不断发挥出新的功能和作用。它不仅是连接师生和知识技能的桥梁，还是学生发挥自主能力的重要工具，更是课程的重要部分。教材的二级指标包括教材结构、教材内容和教材实践性三项。

第一，教材结构包括图文关系、板块和内容关系、内容与思想政治教育的关系等。这一指标主要评估教材结构在安排和组织上是否符合教师进行课程思政教学的需求，是否遵循学生的认知规律等。

第二，教材内容指的是教材中所呈现的内容和知识资源。这一指标主要是针对教材编创质量、知识的整合程度以及是否具有思想政治教育的切入点等方面，评估其是否符合专业课课程思政的要求或能否达到专业课课程思政的效果。

第三，教材要发挥自身的价值，需要教师和学生充分发挥其主观能动性。因此选择或编创的教材难度要适宜，要充分考量学生的理解能力、教师的教学需要和学校的实际情况，从而使教材具备足够的实用价值。

3. 学生维度

学生作为专业课课程思政的教育对象，其表现能够充分体现出专业课课程思政的效果，因此，学生也是专业课课程思政的一项一级指标。学生的政治素养、道德素养和理论知识素养作为能够体现专业课课程思政效果的方面，是专业课课程思政评估体系中的二级指标。

（1）政治素养

学生的政治素养指的是学生的政治觉悟、政治意识、政治判断力和政治敏锐性等。学生政治素养的提高程度，尤其是在有关专业领域方面的政治素养的提高程度，能够体现出专业课课程思政的效果是否达到目标。

（2）道德素养

学生的道德素养能够体现学生在专业课课程思政下对思想政治理论的学习和吸收情况。学生如果良好地学习和吸收了专业课程中的思想政治教育部分，就能够促使其将其中道德教育的内容内化于心，从而形成良好的个人行为，并付诸实践。

（3）理论知识素养

在专业课课程思政背景下，学生专业理论知识学习得好，才能更好地吸收其中的思想政治教育的内容。同时，学生通过理论知识武装头脑，能够更好地实践于社会、服务于社会，从而更好地体验和践行专业课程中的思想政治教育的内容。所以，学生的理论知识素养也是专业课课程思政评估体系中重要的二级指标。

（三）将专业课课程思政效果纳入教师激励机制监测指标

专业课课程思政关键在教师，必须要激发教师的主动性和积极性，这就意味着专业课课程思政的效果不能只是不痛不痒地停留在制度规定上，而是要与教师的切身利益相挂钩，即要将专业课课程思政效果作为教师激励机制的一项重要监测指标。这就要求职能部门积极主动地制定相关管理文件，在制度上明确实施、支持、考评、宣传专业课课程思政建设的相关要求。各部门、各学院要把专业课课程思政建设成效纳入教学单位和教师个人绩效考核范围；校党委组织部要把教师党支部推进专业课课程思政建设情况纳入教师党支部考核指标体系；全校各单位、各部门在涉及教师职务（职称）晋升和各类评优评先表彰中，要明确对专业课课程思政的条件性要求，使专业课课程思政的重要性在高校教师的职称晋升、年终考评以及绩效奖励等方面予以充分体现，树立专业课课程思政育人典型人物和典型课程并给予物质和精神奖励，以此有效推进专业课课程思政改革工作的进行。

第六章　高校课程思政的综合实施与推进

本章的主要内容是高校课程思政的综合实施与推进，我们主要从强化组织领导与把握工作原则、优化教学实施与建设教师队伍、明确育人目标与思考建设规律以及打造“三位一体”课程体系四个方面进行探究，期待能真正落实高校课程思政的推进工作。

第一节　强化组织领导与把握工作原则

2019 年，习近平在北京主持召开的学校思想政治理论课教师座谈会上强调：“办好中国的事情，关键在党。各级党委要把思想政治理论课建设摆上重要议程，抓住制约思政课建设的突出问题，在工作格局、队伍建设、支持保障等方面采取有效措施。”要切实抓好此项工作，形成全党、全社会协同联动的氛围，就必须要有统筹的规划、科学的设计和有序地推进。其中，体制和机制的问题是带有根本性、全局性、稳定性和长期性的问题。为此，要不断加强对课程思政工作的组织领导，把课程思政工作的目标任务和具体要求落实到各领域、各部门，落实到基层单位，努力构建党委统一领导、党政齐抓共管、宣传部门组织协调、有关部门分工负责的工作体制和工作格局，最终形成推动课程思政发展的整体优势。

一、积极强化课程思政的组织领导

（一）加强学校党委统一领导，抓好统筹规划

深入推进课程思政工作，战线在高校，战场在课堂，教师是战斗员，指挥部则在高校党委。高校党委必须站在坚守意识形态阵地和保障党的事业薪火相传的战略高度把课程思政工作作为一项重要的政治任务和战略工程，靠前指挥、抓好关键、强化责任，建设一批学生真心喜爱、终身受益的优秀课程，引导广

大师生树牢“四个意识”，坚定“四个自信”，坚决做到“两个维护”（坚决维护习近平总书记在党中央和全党的核心地位，坚决维护党中央权威和集中统一领导），从而培养和造就担当民族复兴大任的时代新人。首先，要深刻认识高校党委抓好课程思政工作的重要性。高校党委履行学校管党治党主体责任，最终目的是要教书育人、立德树人。其次，要强化高校党委抓课程思政工作的主体责任。把课程思政工作建设纳入学校总体发展规划，列入党委工作议程，坚持课程思政工作与其他工作同谋划、同部署、同落实、同考核。课程思政是一项需要学校顶层设计、前瞻布局和组织协调的整体性工作，进行统一规划、宏观指导、组织协调和督促检查，最终实现全员、全程、全方位育人的目标。要落实学校党委的主体责任，成立以校党委书记为组长的课程思政工作领导小组，由分管思想政治工作和分管教学工作的校领导共同参加，总体负责全校改革试点统筹。建立完善学校各部门常态协作和分工负责机制，建立责任清单，细化工作台账，学校相关部处、院系职责明确，有明确思路，有制度落实，有显著成效，最终形成职责明确、思想统一、上下贯通、执行有力和有效监督的课程思政教育教学育人体系。

具体来说，学校党委主担政治责任，监督各部门实施情况，党委书记作为第一责任人，要对课程思政工作的重大事项进行政治指导，对课程思政工作重点任务亲自部署、重大问题亲自过问、重要事项亲自协调。强化其他校领导的分管责任，结合自己的分管领域，落实教育教学、科研立项、社会实践、经费保障等方面的政策和措施。党委组织部、党委宣传部、教务处、学工部等相关部处进行相应的保障支撑。各院系要在师资、实践教学基地等方面对课程思政工作予以积极的具体支持。各院系是直接落实单位，肩负谋划和推进本学科课程思政建设工作的具体职责，充分发挥校院两级和全体教师的积极性、主动性、创造性，形成课程思政的良好机制和氛围，实现协同协作、同向同行、互联互通，构建一体化的响应机制、协同机制和联动机制。

（二）成立咨询委员会，做好科学设计

虽然从提出到实施，课程思政的推进工作已有几年时间，但仍处在探索阶段，从设计、实施到反馈都需要经过不断的尝试和改进，才能达到更好的教学效果。为此，各高校可以考虑成立课程思政工作专项咨询委员会，由学校教学主管部门（教务处、研究生院）、宣传部、组织部、发展规划部门、马克思主义学院、学工部及专业教师代表等组成，明确牵头部门和具体负责人，负责对全校课程思政教育教学改革的具体工作进行具体规划和设计，在试点阶段进行

科学性、专业性、操作性上的前期论证，在改进阶段进行瓶颈问题研讨和关键方案的决策，为课程思政的顺利开展提供综合保障。

各高校要紧紧依托专项咨询委员会持续推进课程思政工作，及时完善和优化改进本校课程思政改革建设方案，不断总结经验、提炼工作模式，推动思想政治教育与综合素养教育、专业知识教育有机结合，分步骤、分阶段有序推进，有效发挥各类课程的育人功能，逐步完善课程思政工作机制。

（三）设立教改推进办公室，强化项目实施

在课程思政工作领导小组的指导下，学校还要协调设立课程思政教改推进办公室，具体负责各项工作任务的推进落实，统筹全校课程思政教学改革方案的具体实施，指导、咨询、督查、评估课程思政工作的实施效果。课程思政是一项需要协调各院系、各学科、各专业以及每门课程的系统性工程，要将每个举措都落实下去，需要专门的办公室进行推进和督办，保证工作落实的质量。对于高校内部量大面广的各类专业课来说，可以采用试点先行的方式，从教学目标、教学内容、教学方法、教学资源分配、教学组织和教学评估等各方面进行探索，逐步积累经验，分步推广，最终形成全覆盖的课程体系。

二、科学把握课程思政的工作原则

在 2016 年 12 月召开的高校思想政治工作会议上，习近平强调："做好高校思想政治工作，要因事而化、因时而进、因势而新。要遵循思想政治工作的规律，遵循教书育人的规律，遵循学生成长的规律，不断提高工作能力和水平。"思想政治教育要想取得较好的实效，就必须要分析规律、把握规律、尊重规律。作为全面提升思想政治工作质量的一项重要举措，课程思政也需要把对规律的尊重、对原则的坚持放在重要的位置。因此，在课程思政的推进过程中，应该结合实际情况，科学把握工作原则，切实提升工作开展的质量和水平。

（一）坚持顶层设计和试点培育相结合

课程思政工作的推进，一方面要加强学校顶层设计，统筹谋划课程思政教学改革任务和路径措施；另一方面要发挥改革试点的示范带头作用，分步骤、分阶段有序推进，充分发挥校院两级和全体教师的积极性、主动性、创造性，形成课程思政的良好机制和氛围。课程思政理念的提出与践行，有助于强化每位教师的育德意识和育人责任，能充分挖掘所有课程的思想政治教育资源和育

人功能，有效弥补了思想政治理论课教师单兵突进、传统思想政治工作队伍单线作战的不足，初步实现了从专人思政向全员育人的转变。

（二）坚持知识传授与价值引领相结合

在知识传授的同时，深入挖掘各类课程的思想政治理论教育资源，发挥所有教师在知识传授中的价值引领功能。推进教育综合改革，深入理解课程思政的深刻内涵和创新途径，使所有课程都具备价值塑造、能力培养、知识传授“三位一体”的课程思政教学目标。既要凸显思想政治理论课显性的思想政治教育功能，又要强化综合素养课、专业课隐性的思想政治教育作用。深入挖掘各门课程中所蕴含的思想政治教育资源，强调所有任课教师在课堂教育教学中的价值引领责任，以“立德树人”为根本，寓价值引领于知识传授中，在价值传播中凝聚知识底蕴，真正做到将思想政治教育融入高校课程教育的全过程，使各类课程与思想政治理论课同向同行，形成协同效应。

（三）坚持改革创新与遵循规律相结合

课程思政必须结合教育目标、教育环境以及教育实况，与时俱进地推进其自身的改革，这是高校思想政治教育长期发展的客观规律。在推动课程思政改革创新过程中，要坚持政治性和学理性相统一、坚持价值性和知识性相统一、坚持建设性和批判性相统一、坚持理论性和实践性相统一、坚持统一性和多样性相统一、坚持主导性和主体性相统一、坚持灌输性和启发性相统一、坚持显性教育和隐性教育相统一。既要解放思想、勇于改革、大胆创新、先行先试，又要遵循思想政治工作规律、遵循教书育人规律、遵循学生成长规律，搞好统筹谋划、精心设计，不断积累经验，确保课程思政教育教学改革沿着正确的方向健康推进，不断取得扎实成效。深化高校思想政治理论课教学改革，确定教材、教学和教师三个关键因素，创新课堂教学内容和形式，充分发挥网络的作用，通过社会实践有机融合，密切关注大学生成长问题，卓有成效地提高课堂吸引力。在提升思想政治教育的实效性上，课程思政的稳步持续推进是突破高校思想政治工作育人瓶颈的一种极其重要的方式。

（四）坚持教师引领与学生参与相结合

在课程思政教学改革过程中，教师要以德立学、以德施教，加强政治引领和思想教育。实施教师育德意识和育德能力提升计划，将其纳入教师培训体系中，通过举办专题专项德育培训，扎实开展推进。完善教师教学激励机制，对专业课程的育人功能和任课教师的德育实效进行绩效评价，纳入教师综合考核体系中，作为重要参考项。梳理优秀典型，加大宣传力度，积极回应社会关注。同时要契合学生成长发展需求和期待，尊重学生的主体地位，提高学生的参与度，增强课程思政工作的亲和力、针对性和实效性。

第二节 优化教学实施与建设教师队伍

一、优化课程思政的教学实施

科学推进课程思政工作，要紧紧围绕课程思政所要求的价值塑造、能力培养、知识传授“三位一体”的教学目标，进行系统梳理和创新思考，深入挖掘各门课程蕴含的思想政治教育资源，修订各学科、各专业的人才培养方案，完善教学大纲，逐步形成课程思政建设的体系架构。在这个体系架构里，一方面，既有的思想政治理论课显性的思想政治教育功能要进一步强化；另一方面，原有的综合素养课和专业课潜在的思想政治教育功能要得到充分挖掘和深化，要把思想政治教育融入高校课程教学的全过程中，所有任课教师在课堂教学中既在价值传播中凝聚知识底蕴，又在知识传授中强调价值引领。为此，高校需要建立一套完整的教学管理体系，健全课堂教学管理办法，完善课程设置管理和课程标准审核制度，优化教师培训和教学评价制度，落实校领导和教学督导听课制度等。

（一）教材编写

教材是课程思政的重要内容，是育人育才的重要依托。建设什么样的教材体系，特别是主干课程，传授什么样的教学内容，体现了知识的价值导向。教材建设是国家意志的体现，对意识形态属性较强的哲学社会科学教材和其他课程的教材都要深入研究“教什么”“怎样教”等育人的本质问题。要集中骨干教师力量，统筹优势资源，推出高水平的教材。要加强教材建设，创新学科体系、学术体系、话语体系，在内容上应尽力避免脱离实际的“空话”“大话”，增强学生成长成才的获得感。每一学科都应当立足育人根本，用生动活泼的方式培养身心健康、态度积极的学生，在传授知识的过程中加强价值引领。通过集体备课，引入吸引学生的案例，融入时事政治中鲜活的育人元素开展课堂教学。要分步推进计划表，明确责任分工，设计好成果目标，借助教学大纲的编写，融合课程思政、工程认证和应用本科专业建设的要求，保持课程与专业建设共进方向。

针对各类课程的特点，制定教学指南与课程教学方案，在教学目标、教学内容、教学策略、教学案例等方面融入思想政治教育元素，将知识背后的价值、精神、思想挖掘出来阐述清楚。在专业课中加强思想政治教育，找好育人的角度，具有较强的说服力和感染力，有助于将课堂主渠道作用发挥到最大化。例如，理科着力于"追求真理、勇攀高峰"的科学精神，工科着力于"精益求精、追求卓越"的工匠精神，医科着力于"珍爱生命、大医精诚"的救死扶伤精神等。又如，每一学科都有其代表性的人物，这些人物的奋斗历史就是非常好的思想政治教育资源。在专业课中实现科学教育与人文教育的融通，让科学精神与人文精神走向交融，让德育与智育同频共振，产生最好的育人效果。

与此相对应，马克思主义理论学科的育人方式也需要进一步优化。作为一个学科，要突出其科学性，强调核心素养，遵循教育规律。马克思主义理论学科的建设要研究学科与全体学生的思想政治教育之间的关系，不可自视为学生思想工作的唯一阵地。如果学科根基缺失，则难以立足于课堂。要在遵循社会发展逻辑、人的认知逻辑和成长逻辑的基础上，在社会主义核心价值观的统领下，统筹设计，制定分层教学目标。相关教材的编写要结合实际，持之有据，有说服力，站得住脚，把对理论的深度阐释与便于学生理解和接受的形式有机结合起来。

（二）教学设计

要把思想政治教育有效融入教学全过程，教学组织设计尤为重要。为此，我们需要考虑教学主体、教学内容管理、教学过程管理三方面要素。

在教学主体方面，要特别注重发挥高校马克思主义学院在课程思政工作中的协同引领作用，构建思想政治理论课与其他哲学社会科学学科的协同创新机制，形成科学化、标准化、精细化的建设管理办法，不断加强课程思政教育教学过程的科学化、规范化建设。

在教学内容管理方面，要明确学校所有专业课都应有的育人职责和功能，注重在传授专业知识和技能的过程中加强思想政治教育。围绕思想政治教育目标，对照思想政治教育核心内容，全面修订学科专业人才培养方案，针对具体课程编制课程思政教学指南。针对意识形态属性较强的哲学社会科学课程，始终坚持马克思主义的指导地位，充分挖掘其中蕴含的思想政治教育资源。深化哲学社会科学教育教学改革，建立健全符合我国国情的哲学社会科学人才培养质量标准体系。高校哲学社会科学相关专业统一使用马克思主义理论研究和建设工程重点教材。

在教学过程管理方面，要修订完善教学大纲，健全课堂教学管理办法，完善课程设置管理制度，建立课程标准审核和教案评价制度，落实校领导和教学督导听课制度。要逐一梳理课堂教学所有环节，深入挖掘专业课的思政育人内涵，细化课程思政具体目标，制定高校课程思政教学规范，做到有章可循的规范化、制度化。

（三）评价反馈

由于思想政治教育的复杂性，我们很难将学生思想政治素养上的发展归功于某个单一方面的工作。换言之，思想政治理论课教师、专业课教师、学生工作队伍（辅导员、班主任等）和其他管理服务岗位教师的工作往往会产生叠加效应，很难区分哪些变化是由什么方面带来的。但这并不意味着不可以进行评价，课程思政的评价要围绕教师、学生、教育内容和教学方式等方面，采取特色化的指标进行评价。这就要求评价的指标体系应该全面和多样，以保证评价的客观性、全面性和机制的科学性。

1. 合理确定评价主体

课程思政工作的推进是通过教学活动和管理活动合力推动来开展的。因此，评价主体应该包含学生本人、班级评价小组、专业课教师、专业课管理人员、思想政治理论课教师、辅导员等。围绕在专业课教学中践行课程思政的理念设定的内容和相关标准，由各个主体独立评价，在协商的基础上，最终形成综合性的评价，并对取得的成效和原因再进行拆分细化。当然，这种做法难免带有主观性，但为了明确在专业课教学中践行课程思政理念的效果，以便于不断优化改进，这种分割有时也是十分必要的。

2. 科学设定评价维度

在实施评价的过程中，我们也要根据评价主体的不同而分别有所侧重，体现出不同的视角，以保证其全面性和科学性。其中，专业课教师主要对学生在学科学习中所表现出来的情感、态度、价值观的变化，对学科专业的忠诚度、对学科专业价值的认知、对学科专业方面的操守（伦理）、对与学科专业相关社会现象的分析能力等进行评价。综合素养课教师更侧重对学生学业理想、学业价值、未来的职业选择、个人学业与社会发展的关系认知等进行评价。思想政治理论课教师更侧重社会主义核心价值观对学生专业思想引导的评价。辅导员更关注学生学业行为的变化，如积极性、主动性以及对专业相关活动的参与度、与专业相关的社会活动尤其是公益活动的参与度。在评价结论的形成上，多方面的评价最终必须形成合议。

3. 系统开展评价活动

对于学生发展的评价往往与对课程思政自身的评价是结合在一起的，因而这种评价是一个系统性工作，需要周详规划。思想政治素养的提升是一个循序渐进的过程，在评价的原则上，评价首先要注重定性评价而非定量评价，应注重过程而不应该只注重结果，应遵循发展的原则，即关注学生纵向的自我发展，尽量减少横向比较。在评价的标准与方法上，任何课程都有其思想政治教育的诉求，主要包括情感、态度、价值观等，课程思政也应该基于这三个层面开展效果评价并据此制定相关标准。在评价的方法上，可以采取思想政治素养发展档案法、关键事件法、评价量表法等。其中，思想政治素养发展档案法是指为学生建立课程思政档案袋，对于涉及思想政治教育的环节，形成纸质文档存储，以便于评价。在评价的运用上，最直接的运用就是改进教学模式、提升教师的思想政治教育能力。结果还可以运用到课程设计的改进、评价标准的改进以及制度的完善等方面。

4. 建立健全评价督查机制

为保证课程思政工作的持续推进，我们需要在教师评聘考核体系中大力强化思想政治工作的考量，建立健全高校课程思政教育教学体系建设评估督查机制，将课程改革情况列为学校办学质量评估考核的重要指标，列为评价和衡量学校领导班子工作成效的重要内容，纳入学校党建和思想政治工作督导评价体系。学术评价体系是学者开展教学和科研的“指挥棒”，高校要改革用自然科学的标准衡量评价哲学社会科学，以西方的学术评价体系来评价中国哲学社会科学的现有评价机制，要转变重科研、轻教学的评价体系，侧重对教学的过程评估，要将评价体系的重心落在“立德树人”的总任务上，以学生成长和发展为标准，完善教师职称聘任的评价体系，要有序淡化文章数、项目量、获领导批示的层级、人才计划头衔等科研考核指标，转向以教学质量为重心，以学生成长发展为标尺的评价指标体系，形成教书育人与实践育人相统一的格局，让思想政治教育内化于心，外化于行。对教师为学生做心理咨询、参与学生竞赛辅导、积极投身教学竞赛等育人实践成果要给予充分认可，纳入教学评价考核体系中，鼓励广大高校教师将育人的使命牢记于心，将更多、更好的精力和热情投身于育人事业。

二、建设课程思政的教师队伍

课程思政强调所有的教师都有育人职责，强调团队合作，需要整合思想政治理论课教师、专业课教师、学生辅导员和班主任队伍，组建多学科背景互相支撑、良性互动的顶尖师资课程教学团队，将思想政治教育工作贯穿于教育教学的全过程中，坚持知识传授和价值引领的统一，实现全员、全程、全方位育人。2019 年 3 月 18 日，习近平在学校思想政治理论课教师座谈会上发表重要讲话，特别强调教师的重要作用。他指出："办好思想政治理论课关键在教师，关键在发挥教师的积极性、主动性、创造性。"教师要给学生心灵埋下真善美的种子，引导学生扣好人生第一粒扣子。为此，我们要着力提升教师育人意识与能力，加强教师队伍建设，使教师做到教书和育人的高度统一。实施课程思政，就是要求所有任课教师不仅要在思想认识上形成全员育人的共识，也要在专业发展上具备有效育人的能力，将育人要求和价值观教育内容融入专业教师的教学体系。

（一）提升专业课教师对课程思政的价值认同

教师是推进课程思政工作的关键因素，课程思政的工作效果直接取决于教师的育德意识和育德能力。为此，教师必须自觉树立牢固的育德意识，时时处处体现育人的职责，扭转重传授知识与能力、轻价值传播与引领的倾向。

一方面，要始终坚持以马克思主义理论为指导，深入推进课程思政工作。课程思政离开了马克思主义理论的指导，就是无源之水。习近平在 2016 年的全国高校思想政治工作会议上强调："坚持以马克思主义学科为引领，构建哲学社会科学学科和其他各学科协同一致、合力育人的思想政治工作格局，使学校各方力量、各种资源、各类课程都能发挥育人功能，实现'协同效应'。"课程思政是将马克思主义理论贯穿于教育教学和科学研究全过程中，深入挖掘各学科的思想政治理论教育资源，从战略高度构建"三位一体"的思想政治教育课程体系，促使各专业的教育教学，各专业的任课教师都乐于、善于运用马克思主义立场、观点和方法，探索实践各类课程与思想政治理论课同向同行，形成协同效应。各学科教师在课程教学中要始终坚持以马克思主义理论为指导，努力发挥马克思主义理论对学科课程的牵引和带动作用，引导教师围绕马克思主义理论学科的创新和发展、马克思主义及其中国化的最新理论成果进行学科交叉的课题研究，并把科研成果转化为教学内容。

另一方面，要消除部分教师对课程思政的误解，帮助教师明确思想政治教育与专业课之间的关系。要通过多种途径，帮助专业课教师明确课程思政对于专业课的知识、能力、情感、态度、价值观教育一体化的作用，帮助其加深对课程育人要求和价值的理解，明确课程思政对学生科学思维训练、人文素养提升和价值观塑造的重要性。要让专业课教师认识到思想政治教育不仅不会干扰专业课自身的教学活动，减弱专业课的教学效果，相反还会提升专业课教学的思想性、人文性，深化教学的内涵，提升教学的效能。最终的目标是让专业课教师形成一种思想观念，即不能只做传授书本知识的教书匠，而应坚持教书和育人相统一，成为塑造学生品格、品行、品位的大先生，要把知识传授、能力培养、思想引领教育融入每一门课程的教学之中，在每一门课程中体现育人的功能。

（二）提升专业课教师对课程思政的教学能力

课程思政的建设实施最终仍需要落实到教学主课堂上，教师队伍的建设尤为关键。从现状来看，专业课教师对于课程思政教学目标的实施仍存在专业课教师思想政治教育意识和能力的欠缺，为提高课程思政教学质量带来了挑战。如何提升专业课教师对思想政治教育内容的胜任度，成为课程思政推进中的重大课题。

只有推动专业课教师对课程思政工作的胜任善教才能真正提升课程思政的育人能力。为此，我们要注重开展对包括专业课教师在内的全体教师的日常培训，将育德意识与育德能力建设全方位落实到各个相关环节，在新进教师岗前培训、教学督导随堂听课、教学技能竞赛、日常政治学习、研修培训等方面强化“传道”意识、提升“传道”能力，引导广大教师担负起育人责任。每门课的授课教师不仅要传授好书本知识，也要注重塑造学生的品格理想，成为学生健康成长的指导者和引路人。总体来说，专业课教师对课程思政工作的胜任善教要体现在三个方面。第一，对思想政治教育体系要具备系统的运用能力。要通过常态化培训伙伴式学习，帮助教师掌握思想政治教育的内容体系，理解基本内涵与逻辑，使其在提升思想政治素养的同时，逐步具备思想政治教育基本能力与素养，这是专业课教师抓好课程思政的前提和基础。第二，对思想政治教育的特征、规律和话语的掌握能力。思想政治教育有其特定的要求和规范，也有其特定的话语系统。相较于生动性、人文性因素而言，思想政治教育活动也有其严肃性。掌握思想政治教育的基本规范和基本要求，帮助教师以合适的方法开展思想政治教育，是推动专业课教师抓好课程思政的重要手段。第三，教学设计能力。专业课教师要想抓好课程思政工作，必须在教学设计能力的提升上下功夫，具体包括研究学生的能力、课程与教材设计开发能力、课程思政的教学与管理能力、课程思政的评估能力以及反思总结能力等。

第三节 明确育人目标与探索建设规律

一、明确课程思政的育人目标

课程思政的教育理念是一种体现连续性、系统性的课程观，它不拘泥于各科专业知识的学习，而是通过将思想政治教育的目标融汇于各科的教学当中，使各门课程都能参与到学校育人的过程当中，形成一个完整的课程育人体系。课程思政的育人目标最终是要培养德智体美劳全面发展的社会主义接班人，努力为党和国家培养更多担当民族复兴大任的时代新人，以课程思政的全面质量提升带动“三全育人”工作，以育人质量的全面提升带动高校“双一流”建设。具体来说，课程思政工作主要从以下六个方面下功夫。

（一）引导学生坚定理想信念

对于当代大学生来说，就是要树立共产主义远大理想和中国特色社会主义共同理想。各门课程的教学任务之一，就是要积极引导学生树立共产主义远大理想、坚定中国特色社会主义共同理想。其中，思想政治理论课的教学内容设计要重在阐释共产主义远大理想和中国特色社会主义共同理想的丰富内涵、实现路径与发展要求，结合国际共产主义发展史、中国共产党党史、中华人民共和国国史，引导学生深刻认识树立远大理想、坚定理想信念的必要性与重要性，增强其树立远大理想信念的自觉性。综合素养课的教学内容设计要注重从历史、文化、社会、生态等不同视角比较分析社会主义制度和共产主义理想的优越性与先进性，让学生在人文关怀与生活感悟中体会理想信念的特殊作用，增强学生树立远大理想信念的自信心。专业课的教学内容设计要结合学科、专业和课程的特色，从专业的沿革现状与前沿的讲解中，激发学生的责任感、使命感与荣誉感，引导学生不断提升专业素养，抓住国家快速发展的战略机遇，积极寻找实现个人价值与才华抱负的成长舞台和发展机遇，提升学生树立远大理想信念的可行性。思想政治理论课、综合素养课、专业课同向发力、协同育人，不断增强学生的中国特色社会主义道路自信、理论自信、制度自信、文化自信，勇担民族复兴的时代重任。

（二）引导学生厚植爱国主义情怀

爱国是一个公民最起码的素养，也是每一位学生都应当具备的重要情怀。

各门课程教学的任务之一，就是要积极引导学生理解爱国主义的内涵，厚植爱国主义的情怀，让爱国主义精神在学生心中牢牢扎根。其中，思想政治理论课的教学内容设计要重在阐释爱国主义的要义，了解爱国主义的历史意义与当代价值，正确处理好爱国、爱家、爱党与爱人民之间的关系，特别是要科学辨析历史虚无主义等错误思潮，要借助案例分析与典故教学等形式，教育引导学生热爱和拥护中国共产党，听党话、跟党走，立志扎根人民、奉献国家。综合素养课的教学内容设计要从不同课程的学科背景出发为爱国主义提供更多的理论支撑，让爱国主义在学生的心中既能顶天又可立地，特别是要注重结合学生学习生活中出现的各种不合理现象并进行分析批判，可从社会学、心理学、政治学等不同视角进行辨析，让学生形成更为清晰的认识和更为科学的认知。专业课的教学内容设计要以学科专业为依托，通过国际学科专业与产业的发展比较，增强学生投身专业研究、致力产业发展的危机感、紧迫感，鼓励学生把爱国精神投身到为国奉献的实践行动中。比如，结合中美贸易摩擦问题，软件专业的专业课教学就可以从芯片技术的发展、我国芯片产业的瓶颈、中美贸易战中的危机与挑战出发，激发学生的爱国热情，齐心协力，促使学生和全国人民一起推动芯片技术产业大踏步向前发展，创新技术研发。

（三）引导学生加强品德修养

“立德树人”是中国教育的根本使命，培养品德修养高尚的人才是高校教育教学的中心任务。各门课程的教学任务之一，就是要积极引导学生理解加强品德修养的重要性，踏踏实实修好品德，成为有大爱、大德、大情怀的人。其中，思想政治理论课的教学内容设计要重在阐释品德修养的内涵，理解加强品德修养的重要意义，把真善美作为终身的品德追求，要结合不同时代的要求，教育学生把握当代品德修养的核心内容，特别是把社会主义核心价值观作为当前学生品德修养最重要的任务目标，围绕国家、社会、个人三个层面进行解读和分析，引导学生积极培育、大力践行。综合素养课的教学内容设计要从国家道德、社会公德、职业道德、个人道德等视角对社会主义核心价值观进行细化，寻找社会主义核心价值观的历史溯源，分析其在伦理、法治、文化等不同领域的表现形态，引导学生科学辨识“社会主义核心价值观”与“西方价值观”的异同，对社会主义核心价值体系形成更为全面的了解。专业课的教学内容设计要不拘一格、不搞一刀切，要围绕专业特性，挖掘专业课与社会主义核心价值观的结合点，在培养方案中对各方面做出明确的规定，形成有效的指导方案。如“大学英语”的教学，可在精读短文中，主动选取分别讲述“勇气、诚信、善良、公平、法治、文明、爱国、敬业”等主题的素材，让学生在掌握专业知识的同时，深刻领会社会主义核心价值观的要旨，不断提升自身修养。

（四）引导学生增长知识见识

21世纪的竞争是人才的竞争，人才竞争力的核心之一就是见识与才智的较量。正如习近平在全国教育大会上所说的那样，高校各门课程教育教学的任务之一，就是要“教育引导学生珍惜学习时光，心无旁骛求知问学，增长见识，丰富学识，沿着求真理、悟道理、明事理的方向前进”。其中，思想政治理论课的教学内容设计要以让学生形成“四个正确认识”为主要任务，重在教育引导学生“正确认识世界和中国发展大势、正确认识中国特色和国际比较、正确认识时代责任和历史使命、正确认识远大抱负和脚踏实地”，将中国情怀和时代特征与世界眼光统一起来，客观看待当代中国和外部世界的关系，让学生知晓个人知识见识的增长对国家和社会的重要作用，促使其增强提升自身知识见识的自觉性与自主性。综合素养课的教学内容设计要以拓展学生见识为主要任务，整合全校教学资源，开设尽可能多、可供自由选择的不同门类综合素养课程，大力拓展学生知识面，主动加强不同学科之间的协同与交叉，让理工科学生增加人文社科知识、让人文社科学生接触理工科知识，力争实现文理交融、医工交叉，增加实践教学环节，拓宽学生视野，让学生在实践中提升运用知识的能力。专业课的教学内容设计要以增长学生知识为主要任务，发挥教学名师的育人效应，鼓励更多的学者走进一线课堂，让学生接触掌握最前沿的专业知识，要充分调动教师的教学积极性，培训其提升课堂教学水平与效果，激发学生的求知欲，教育学生扎实掌握专业知识，让学生学一门会一门、干一行爱一行，努力做到“让勤奋学习成为青春飞扬的动力，让增长本领成为青春搏击的能力”。

（五）引导学生培养奋斗精神

幸福，是靠奋斗出来的。新时代中国特色社会主义的建设最需要的精神之一就是奋斗精神和创新精神。高校各门课程的教学任务之一，就是要教育引导学生培育敢于担当、不懈奋斗的精神，塑造勇于奋斗的精神状态，保持乐观向上的人生态度。其中，思想政治理论课的教学内容设计要重在阐释“奋斗精神”的内涵，通过抗日战争、解放战争、新民主主义革命、改革开放、中国特色社会主义建设的历程梳理，借助“两万五千里长征”“南泥湾精神”“铁人王进喜精神”“深圳特区建设”“浦东大开发”等一系列案例的教学让学生深刻理解奋斗精神的实质，要重在阐释新时代中国特色社会主义建设的历史任务与实现中华民族伟大复兴的使命担当，分析凝练奋斗精神的时代属性，与理想信念教育有机结合起来，激发学生勇担时代责任的精神。综合素养课的教学内容设计要更为注重奋斗情怀教育，可以设立“奋斗精神”专题进行讲解，也可把奋斗精神教育培养与乐观主义、爱国主义等专项教育结合起来，加强古今中外历史名人的案例教学，让学生在提升综合素养的过程中不断增强勇于奋斗的动力。专业课的教学内容设计要把专业知识传授与自强不息精神培养结合起来，重在引导学生不怕苦、不怕难，勇于挑战并攻克科研难题，立志成为科研研究的生力军与后备军，要大力挖掘科学大师、理论专家不懈奋斗的成长故事（如材料科学专家徐祖耀院士 90 岁高龄还坚持每天到办公室看文献、材料科学专家潘建生院士 80 岁高龄还坚持到工厂一线解决技术难题），用榜样人物的成长经历激励学生成长，引导学生努力做到刚健有为、自强不息。

（六）引导学生增强综合素养

培养德智体美劳全面发展的人才，教育引导学生培养综合能力、培养创新思维，是中国教育的重大使命，也是高校各门课程教育教学的根本任务。其中，思想政治理论课的教学内容设计要重在培养“德”，教育引导学生正确认识国家公德与个人私德的异同，科学处理个人利益与集体利益、国家利益之间的关系，把党和国家的需要、人民的需要作为最崇高的“德”，树立远大理想信念和正确的“三观”，增强“四个意识”。综合素养课的教学内容设计要重在培养“体美劳”，通过体育、竞赛等课程内容设计，教育引导学生树立健康第一的理念，增强体质、健全人格、锤炼意识；通过音乐、美术、文化、品鉴等课程内容设计，坚持以美育人、以文化人，提高学生审美和人文素养；通过社会实践、志愿服务、生产实习等课程内容设计，在学生中弘扬劳动精神，教育引导学生崇尚劳动、尊重劳动。专业课的教学内容设计要重在增长“智”，一方面是抓好课堂知识传授，把基础知识与前沿知识结合起来，让学生习得一身知识、练就一身本领，“知其然，并知其所以然”；另一方面是抓好知识的应用能力，把知识传授与解决问题、书本知识与实践问题结合起来，让学生成为“理论知识高、动手能力强、综合素养好”的高端人才。

二、探索课程思政的建设规律

近年来，全国各高校积极探索课程思政的建设工作，在理论和实践上进行了多角度的研究分析，对课程思政的建设规律做了较多的思考，也取得了一定的成效。但随着高等教育事业的快速发展和培养勇担民族复兴大任的时代新人的需求日益强烈，对课程思政内在规律的研究仍需要进一步加强。

（一）深化对课程思政内涵的认识

推进课程思政工作，首先需要清晰把握课程思政的内涵，要不断拓展原有工作的边界，对课程思政的理论基础、内在规律、推广模式、其他课程元素等进行深化研究。

1. 深化课程思政理论基础研究

要深化对课程思政理论基础的研究，巩固马克思主义的理论基础。抓好课程思政工作，要坚持以马克思主义理论为指导，加强对马克思主义理论的学习教育，充分发挥马克思主义理论渗透性、综合性与实践性的特点，并在实践层面加强探索，让马克思主义理论在课程思政建设中得到充分体现和坚决贯彻，确保课程思政工作的科学性和持续性。

2. 研究课程思政工作内在规律

要对课程思政工作的内在规律加强研究，从学理上进行总结、提升和深化。比如，课程思政的理论基石是什么，课程思政的工作主体有哪些，思想政治理论课、综合素养课与专业课结合的内在逻辑在哪里，什么样的模式才是更有效的，如何才能有效地将思想政治教育与各门课程的教育教学结合起来等问题，都亟待更为深入的思考。只有厘清以上关键核心问题，才能对课程思政形成学理性、科学性的认识，才能使课程思政创新走向常态化、形成规律性。

3. 探索课程思政有效推广模式

在课程思政工作取得现有成果的基础上，我们要注重提炼总结，努力形成一套能够在全国范围内复制和推广、带有较强指导性的课程思政工作模式。从实践工作情况看，目前各学校的课程思政建设多以专题形式进行，主题相对较为单一，内容同质性较高。尽管各高校通过不断深化主题，想了很多办法、创新了不少形式，但内在的运行机制问题始终没有解决。只有厘清课程思政工作各主体的内在联系，构建有效的联动协同机制，总结工作推进中的运行规律，才能将课程思政工作有效推广开来。

4. 丰富课程思政其他课程元素

目前各高校开设了较多的综合素养课，内容涵盖人文、社会、政治、经济、文化等诸多方面，但需要挖掘的思想政治教育资源和元素仍有待进一步丰富。例如，中国古代传统文化强调“修身齐家治国平天下”、强调内省教育等，其中所蕴含的思想政治教育资源较多，都需要科学地反映在课程思政的具体建设中。同时加强对专业课的思想政治教育资源的挖掘，也是课程思政建设的重要内容和必要支撑。例如，党的十九大报告提出要弘扬劳模精神和工匠精神，在推进课程思政工作的过程中，应将对精神的挖掘与传统工科的相关专业课结合起来，从国家战略、家国情怀、理想信念等方面不断深入，提升教育教学质量，深化课程思政工作的内涵。

（二）构建协同育人的联动机制

把思想政治工作贯穿于教育教学全过程中，实现全员、全程、全方位育人，构建思政课程与课程思政协同育人体系，是一项长期、复杂、艰巨的系统工程。高校要从教育理念、教育内容、教育方法和教学管理的制度建设入手，加强学校教务处、学生处、人事处等职能部门与大学生思想政治工作队伍、思想政治理论课教师队伍的整合协同，进一步构建规范的思政课程与课程思政协同育人的联动体系。

1. 构建专业课教师与思想政治理论课教师的互动模式

作为大学生思想政治教育的重要组成部分，在专业课教学中践行课程思政的理念与通过思想政治理论课加强思想政治教育的关系本身就是相辅相成和合作互补的。二者的合作不仅包括课程育人目标的整体规划、思想政治教育内容的深度设计等，还包括思想政治教育资源的联合开发。二者的有效互动不仅有利于推动课程思政在专业课教学中的实践，同时也能丰富思想政治理论课教学的内容支撑。此外，从促进教师专业发展的角度来看，二者之间的合作互动对于思想政治理论课教师来说，能够在很大程度上丰富其知识体系、拓展其知识视野、完善其知识逻辑，对于其开展后续的教学活动大有裨益；对于专业课教师来说，不仅能够提升他们的思想政治素养，更能够完善其教学方法体系，优化其教学能力结构。

2. 区分适合专业课和思想政治理论课的课程思政建设

一方面，针对专业课，要建立贯彻课程思政理念的专业课程改革机制。首先，要从调整培养目标入手，对专业培养方案和课程设计方案进行修订。其次，要对课程教学大纲和具体教学方案进行修订，引导专业课教师对其所教授课程的价值定位、教学目标、教学效果、教学内容以及实践内容进行重新审视，使其主动融入思想政治教育元素，并在课时分配中明确思想政治教育内容的讲授要求。在教学过程中，组织教学督导队伍对专业课融入思想政治教育元素的相关内容进行专项督导听课；在学生评教中，对专业课教师讲授思想政治教育内容的教学效果进行专项评分，努力从教学工作层面对课程思政提供机制保证。

最后，教学主管部门要依托各类教学水平评估或专业认证，把课程思政的实施情况作为重要评估内容进行考察，鼓励优秀的课程思政案例参评各级各类教学成果奖，提升教师推进课程思政工作的积极性。

另一方面，针对思想政治理论课，要始终坚持高标准、严要求。2015 年，教育部印发了《高等学校思想政治理论课建设标准》，对加强思想政治教育理论课的组织管理、教学管理、队伍管理、学科建设和特色项目等共 22 个方面提出了明确的课程建设标准，并确立了对应的责任部门。要贯彻文件精神，高校就要建立起备课、听课制度，以及教学内容和教学质量监控制度，还要打通校内思想政治教育资源，形成协同合力。第一，要将思想政治理论课的教育延伸和贯穿到学生学习、生活的全过程中。依托团委、学生会、学生党组织、社团等开展丰富多彩的政治理论主题学习活动，提升学生党性、增强学生的“四个意识”，巩固思想政治理论课的教学成果。第二，要整体推进高校党政干部、共青团干部、思想政治理论课教师、哲学社会科学专业课教师、辅导员、班主任和心理咨询教师等队伍建设，抓好教育培训，强化实践锻炼，健全激励机制，不断加强队伍建设。

3. 固化思想政治理论课和课程思政的协同育人体系

高校要积极搭建大思政育人格局，探索建立大学生思想政治教育专项工作指导委员会，把校内相关部门全部调动起来，相互支持、相互配合，从教育教学、学科建设、人才培养、科研立项、社会实践、经费保障等各方面做好全方位的保障。例如，可由党委组织部和党委宣传部牵头，把高校思想政治工作纳入党建工作和意识形态工作年度考评体系；可由教务处、研究生院牵头，对思想政治理论课和课程思政的具体建设标准提出细化要求；可由人事处、科研处牵头，在对师资队伍进行聘任和考核时，增加课程思政相关的工作要求；可由文科处、规划处牵头，引导教师加强对思想政治理论课和课程思政相关的创新项目研究；可由学生处、团委牵头，加强大学生“第二课堂”与“第一课堂”的对接。在各二级教学单位层面，可建立由二级党组织书记、院长任组长，分管教学的副院长、副主任和分管学生工作的副书记任副组长的大学生思想政治教育工作小组，整体推进思想政治理论课和课程思政的教育教学工作。

（三）加强课程思政的理论攻关

理论研究的过程就是发现问题、筛选问题、研究问题、解决问题的过程。只有具有鲜明的问题意识、突出的问题指向、科学的解题方法，才能守正出新，不断超越、不断完善。课程思政是一个新理念，是一个新事物。要想确保课程思政推进的效果，我们就需要持续加强对课程思政相关问题的深入研究。加强课程思政的理论研究和规律思考，能够更好地解释此项工作推出的背景依据，增加公信力；能够更科学地预判关键环节和发展趋势，更具前瞻性；能够更有效地指导工作实践，更具指导性。具体来说，有以下几个方面。

1. 深入研究“三全育人”理念的落地机制

习近平在全国思想政治工作会议上强调，要把思想政治工作贯穿于教育教学全过程中，实现全员、全程、全方位育人。但“什么才算‘三全育人’”“如何才能做到‘三全育人’”等问题亟待深入研究。一方面，要及时转变理念。要将课程思政工作与“三全育人”理念有机统一起来，树立高校“大思政”思维，打破资源的壁垒、队伍的隔阂、体制的掣肘，从教育教学的全局、“立德树人”的大局通盘考虑。另一方面，要在体制机制上创新突破。从育人目标着手，把教学资源、培养方案、内容方式、考核评价、配套保障等结合起来，顺利实现从思政课程向课程思政的转变，最终形成教育合力。

2. 深入研究形成科学有效的教学方式

在课程思政的教学实施中，要突出显性教育和隐性教育相融通，将价值引领蕴含在知识传授和能力培养中，注重在价值传播中凝聚知识底蕴、在能力培养中体现价值内涵。要将课程思政理念落地到每门课的教育教学过程中，就要牢牢把握课堂教学的三要素：教师、学生、教学内容。通过设计有效的教学方式，让教师首先接受承担思想政治教育职责的理念，选取精准的教学内容，让学生在求知中潜移默化地接受价值观的引领。只有将社会主义核心价值观巧妙融入课程教学中，充分发挥课堂主渠道作用，才能真正做到“立德树人”、教书育人。

从总体推进情况看，课程思政还处于试点和推广阶段，关于课程思政的深度理论研究、实践经验凝练还未全面铺开。要进一步提升课程思政工作的成效就要进一步加强学科建设、师资队伍建设、课程建设和教育教学改革的研究，就要进一步发挥马克思主义理论学科优势，整合力量、联合攻关，以习近平新时代中国特色社会主义思想为指导，围绕“立德树人”的中心环节，聚焦课堂教学重点和难点问题，推动课程思政工作逐步走向制度化、规范化和常态化。

第四节　打造“三位一体”课程体系

为贯彻落实习近平提出的“办好中国特色社会主义大学，要坚持立德树人，把培育和践行社会主义核心价值观融入教书育人全过程”的重要要求，着眼“又红又专、德才兼备、全面发展”的培养目标，我们需要坚持以社会主义核心价值观为核心内容，构建全员、全程、全方位育人的高校大学生思想政治教育体系。课程思政工作是当前教育事业的一项重大战略部署，需要将这一理念全方位地融入高校思想政治工作中，为高校开展思想政治工作提供新的思路，构建新的路线图。打造思想政治理论课、综合素养课、专业课“三位一体”的思想政治理论教育课程体系，突破了传统思想政治理论课单向育人理念，建构了思想政治理论课、专业课和综合素养课协同的立体化育人模式，突出显性教育和隐性教育相融通，将价值引领蕴含在知识传授和能力培养中，注重在价值传播中凝聚知识底蕴、在能力培养中体现价值内涵，在一定程度上改善了高校思想政治教育“孤岛效应”，解决了思想政治理论课与专业课“两张皮”的问题，进而创造性地将人文与科技相结合、将思想政治理论课与专业课相结合，提高了高校思想政治理论课的实效性。因此，推进课程思政教育教学改革，要从战略高度构建以思想政治理论课为核心、以综合素养课为支撑、以专业课为辐射的“三位一体”的思想政治教育课程体系，牢牢抓住课堂育人主渠道、主阵地，将高校党委意识形态责任制落实到一线课堂，教师思想政治工作从宏观要求转化成具体的解决方案，找到实现高校“三全育人”的关键枢纽和有效抓手。

一、发挥思想政治教育核心课程作用

在高校思想政治教育课程体系中，思想政治理论课是核心、是根本、是基石。思想政治理论课质量提升是核心环节，我们要注重发挥思想政治理论课在大学生社会主义核心价值观教育中的引领作用，着力增强高校思想政治理论课的实效性。深入贯彻十九大精神和全国高校思想政治工作会议精神，认真学习习近平新时代中国特色社会主义思想，以“立德树人”为中心环节，聚焦思想政治理论课教学重点、难点问题，推动教材体系向教学体系转化，共建、共享思想政治理论课优质教学资源，加强思想政治理论课教师队伍建设，不断提升思想政治理论课教学的亲和力和针对性，切实增强大学生在思想政治理论课上的获得感。

用习近平新时代中国特色社会主义思想武装头脑，全面开展集体备课会，将学习习近平新时代中国特色社会主义思想作为授课内容的重中之重，实现在所有课程、全体教师、教育教学全过程的全覆盖，使青年学生坚定理想信念、坚定“四个自信”。扎实推进领导干部上思想政治理论课的工作，加强高校党建和思想政治工作，有利于青年学生从顶层设计的高度了解国情、党情、社情、民情。进一步推动领导干部上讲台，使之制度化、常态化，对于加强和改进高校党建和思想政治工作，做好大学生思想政治教育，汇聚广大师生同心共筑中国梦的强大力量具有重要意义。加强马克思主义学院建设，为课程思政提供宝贵的资源库，进一步加强学科建设、师资队伍建设、课程建设、教育教学改革，发挥马克思主义理论学科优势，整合力量、联合攻关，打造一系列示范课程，推出一批公开教学观摩课，有利于青年学生全面正确地理解党的路线、方针、政策，有利于青年学生坚定信仰，增强社会责任感。

二、发挥课程特色，融合时代性与民族性

综合素养教育旨在现代多元化的社会中，为受教育者提供通行于不同人群之间的知识和价值观。综合素养教育重在“育”而非“教”，因为综合素养教育没有专业的硬性划分，它提供的选择是多样化的。而学生通过多样化的选择，得到了自由发挥的成长空间。可以说，综合素养教育是一种人文教育，它超越功利性与实用性。综合素养教育是现代教育理念中国化的实践过程。无论是国外与综合素养教育相关的博雅教育、全人教育、自由教育、能力拓展训练等教育方式，还是中国贯彻多年的素质教育，德智体美劳全面发展教育，以及爱国主义、集体主义、社会主义教育，还有培养一专多能、德才兼备的人才教育，或者弘扬传统文化教育等，都能涵盖在综合素养教育的范畴之中。这种包容性体现了中国的综合素养教育既有中国特色，又能对接改革开放、面向世界。综合素养教育的理念有助于整合多样性的现代教育理念和模式，赋予综合素养教育以中国传统文化内涵，既体现时代性，又保持民族性，把现代科学技术与中国传统的文化典籍结合起来，把现代信息文明与中华优秀文化历史统一起来，对提升育人质量也有很大的帮助。

三、强化专业课育人导向

专业课是高校根据培养目标所开设的讲授专业知识和培养专门技能的课程，让学生掌握必要的专业基本理论、专业知识和专业技能，培养分析解决本

专业范围内一般实际问题的能力。相比思想政治理论课，目前专业课教学中对知识传授更为偏重，专业课教师的育德意识和育德能力相对较弱。要想实现课程思政改革的整体目标，就要充分挖掘专业课的育人功能，深度发挥课堂主渠道的育人作用，在知识传授中强调主流价值引领，提炼专业课中所蕴含的文化基因、价值范式以及德育元素，在专业技能知识学习中融入理想信念层面的精神指引。

为此，一方面要积极探究专业课的思政育人内涵和科学的体制机制。专业课的思政育人内涵主要是指在专业课理论知识讲授的基础上，充分结合专业课自身特色和优势，提炼其中所蕴含的文化底蕴和价值范式，通过具体、生动、有效的课堂教学载体，将专业知识传授与价值引领结合起来，实现在知识传授中提升价值引领，在价值引领中牢固知识技能，从而达到培养学生运用马克思主义基本原理分析具体社会问题的能力，教育学生如何做人、如何做事、如何成才的目的。另一方面要不断探求专业课践行课程思政理念的一般规律，总结专业课融入思想政治教育元素的方式方法，不断健全“三位一体”的课程思政教育体系。专业课践行课程思政理念的关键是实现专业课教学与思想政治教育目标的精准对接，既不生搬硬套强加思想政治教育内容，又能将其潜移默化地融入专业课教学的全过程中。其中，找准专业课中的思想政治教育元素和资源尤为重要。以思想政治教育元素和资源为切入点，围绕课堂教学这一主线，从课程设置、课程参与主体（教师、学生）两方面入手，逐步实现专业课的思政育人功能，最终实现思想政治理论课、综合素养课与专业课的同向同行、协同育人。概括而言，专业课践行课程思政的机制可以概括为点（专业课中的思想政治教育元素和资源）、线（课堂教学主线）、面（“三位一体”思想政治教育课程体系）的有机结合和统一。

（一）点——挖掘专业课德育因素点

在专业课教学中践行课程思政的理念，需要在全面关注学生的发展需求的基础上，选准思想政治教育在专业课教学中的最佳结合点，使两者有机融合，并以此为抓手推动专业知识学习与价值培育实践的有效结合。要在思想政治教育原则指引之下对专业课进行深度开发，充分挖掘和激发其中的思想政治教育内涵，科学、有序地推动专业课思想政治教育。因此，在专业课教学中践行课程思政的理念，关键和核心在于找准思想政治教育的元素和资源，以无缝对接和有机互融的方式建立专业知识与思想政治教育目标的内在契合关系。

深入思考每一门专业课，都可以凝练出其在情感培育、态度选择、价值观引领等方面的教育要求，而这些要求也就是思想政治教育与专业课结合的因素点。相对而言，哲学社会科学类的专业课应更多地凸显其在强化社会主义意识形态教育方面的作用，自然科学类的专业课则应更注重对学生科学思维、职业素养的养成教育。具体来说，要根据专业课的教育要求，结合课程自身特点，分别从爱国情怀、社会责任、科学精神、人文精神、品德修养等角度找准思想政治教育的因素点，设置课程思政教育目标，有机融入社会主义核心价值观、中国优秀传统文化教育、理想信念教育、爱国主义教育、道德品质教育，特别是对中国特色社会主义的“道路自信、理论自信、制度自信、文化自信”的教育内容。

（二）线——抓好课堂教学主线

围绕课堂教学这一主线，需要从课程设置、课程参与主体（教师、学生）两方面入手，不断探索课程思政的有效路径和载体。

在课程设置上，首先要明确课程总体思想政治教育目标，在思想政治教育目标引领下，结合专业课特点，深入挖掘专业课的思想政治教育内涵和要素，做好专业课的育人教学设计，从而优化课程设置。课程内容的设置要在立足专业知识的基础上，推动中华优秀传统文化融入教育教学过程，明确课程建设标准，并将思想政治教育路径固化于教学大纲中。其次要结合课程内容创新教学方式方法，探索课堂教学、社会实践、网络运用等多维课程组织形式，在授课过程中结合学生特点进行科学引导。

对于教师而言，要针对性地提升专业课教师的育德意识和育德能力。一方面，要转变专业教师的传统育人观念，提升专业课教师对课程思政的认知，消除思想误区。在调研中，我们发现，目前仍有一些专业课教师对于课程思政的认识还是停留在思想政治理论课层面上。因此，要帮助教师明确思想政治教育与专业课之间的关系，认识到思想政治教育不仅不会影响专业课原本的专业知识教学，相反还会提升教学的思想性、人文性，深化教学内涵。另一方面，教师自身的思想政治教育水平及文化素养也是在专业课教学中践行课程思政的理念能否有效开展的重要因素。专业课中思想政治教育要素的融入，对于教师的思想政治素养和知识积淀提出了更高的要求。如何找准专业课的思想政治教育资源与元素，实现育人目标与专业知识的精准对接，保证在专业课知识讲授的同时有效融入思想政治教育，需要专业课教师不断提升自身的思想政治素养。另外，实现思想政治教育与专业课的有机对接，需要教师能够基于思想政治教育核心原则和内化要求，主动结合专业课的设计与教学活动的实施，深度开发教材，挖掘其中的思想政治教育内涵，在专业课中自然而然地融入思想政治教育内容，避免生搬硬套。

对于学生而言，要促使学生在专业学习和社会实践中不断接受思想政治教育的内容，提高自身思想政治素养。课程思政的落脚点要放在学生思想政治素养的发展上，引导学生形成正确的世界观、人生观、价值观。为此，对于学生发展的评价要和对课程思政工作质量的评价结合在一起。但思想政治素养的提升是一个循序渐进的过程，因此评价应该更注重过程而不应唯结果论。可以探索建立学生思想政治素养发展档案，在课程教学过程中记录学生思想政治素养的变化，在课程结束时由教师和学生个人对学生的思想政治教育目标的实现情况进行双向评价。

（三）面——构建“三位一体”的思想政治教育课程体系

在坚持以“立德树人”为根本任务的前提下，通过深入挖掘专业课中的思想政治教育资源与元素，立足学科优势，实现思想政治教育目标与专业课知识点的精准对接。一方面，要围绕课堂教学这一主线，从课程设置、课程参与主体（教师、学生）两方面入手，不断探究课程思政的有效路径和载体，最终构建起专业课与思想政治理论课、综合素养课协同的“三位一体”的高校思想政治教育课程体系。另一方面，要根据课程思政基本要素的内在联系，把目标、主体、内容、路径等要素融合为一个有机体，协同推进思想政治理论课的显性价值引领和专业课、综合素养课程的隐性价值渗透的有机融合，在保证思想政治理论课的核心地位的同时充分发挥其他课程的育人作用，在实现教育目标的过程中真正做到融会贯通。

参考文献

[1] 张春枝，温景文．思政课综合改革与实践 [M]．北京：中国文史出版社，2015．

[2] 张保国，王小迪，宋伟．我国课程思政领域研究热点及通识教育实践研究 [J]．山东理工大学学报（社会科学版），2021，37（4）：102-107．

[3] 于阔城．新时代课程思政的内涵与机制构建 [J]．河北软件职业技术学院学报，2021，23（2）：49-53．

[4] 翁衡．教师课程思政育人能力的精准化建设研究 [J]．科教文汇，2021（17）：70-72．

[5] 周丽萍．职业院校课程思政建设实效性研究 [J]．大庆社会科学，2021（3）：81-84．

[6] 颜妍．高校课程思政内容生成探讨 [J]．阜阳职业技术学院学报，2021，32（2）：5-7．

[7] 刘凯，朱宗友．“课程思政”与“思政课程”同向同行的路径探析 [J]．阜阳职业技术学院学报，2021，32（2）：8-11．

[8] 郭宇燕，江明明，肖建于，等．课程思政视域下信息安全专业课程建设探索 [J]．廊坊师范学院学报（自然科学版），2021，21（2）：100-103．

[9] 李晓光．思政元素融入专业课程的实施路径探索 [J]．福建电脑，2021，37（6）：128-130．

[10] 田辉，王玉芬，曹凤珍．“课程思政”实践中教师思维逻辑的嬗变 [J]．河北科技师范学院学报（社会科学版），2021，20（2）：109-112．

[11] 郑美丹．高校课程思政的育人价值及其实践路径研究 [D]．石家庄：河北科技大学，2020．

[12] 王明慧．高校课程思政建设的现状及对策研究 [D]．曲阜：曲阜师范大学，2020．

[13] 尹兰芝．“课程思政”协同育人的困境和对策研究 [D]．长春：东北师范大学，2020．

[14] 孙汝兵．广西高校课程思政育人机制研究 [D]．桂林：桂林理工大学，2020．

[15] 路涵旭．课程思政视域下专业教师与思政教师协同育人路径研究 [D]．石家庄：河北师范大学，2020．

[16] 李佩文．高校“课程思政”实践研究：以四川省为例 [D]．成都：四川师范大学，2020．

[17] 李粤霞．“课程思政”实施的理念与路径研究 [D]．广州：广东外语外贸大学，2020．

[18] 张华．高校课程思政内涵建构及实践路径研究 [D]．南京：南京医科大学，2020．

[19] 戚静．高校课程思政协同创新研究 [D]．上海：上海师范大学，2020．

[20] 李玉洁．新时代高校“课程思政”与“思政课程”同向同行研究 [D]．重庆：四川外国语大学，2020．

[21] 李旭芝．高校“课程思政”存在的问题及解决路径研究 [D]．石家庄：河北师范大学，2020．

[22] 孙文宇．高校专业课课程思政建设研究 [D]．马鞍山：安徽工业大学，2019．

[23] 林泉伶．“课程思政”：新时代高校思想政治教育新途径研究 [D]．南京：南京邮电大学，2019．

[24] 徐畅．新时代高校“课程思政”协同育人研究 [D]．沈阳：沈阳航空航天大学，2019．

[25] 康雅利．高校“课程思政”建设的原则与路径研究 [D]．石家庄：河北科技大学，2019．

[26] 蔡文玉．高校课程思政实践策略研究 [D]．秦皇岛：燕山大学，2019．

[27] 欧阳慧敏．基于“课程思政”的大学生生态文明教育研究 [D]．徐州：中国矿业大学，2019．

[28] 董明慧．高校“课程思政”问题研究 [D]．大连：大连海事大学，2019．

[29] 朱梦洁．“课程思政”的探索与实践：以专业课为视角 [D]．上海：上海外国语大学，2018．

[30] 方媛．高校思政课程云平台中教师空间设计实践 [D]．武汉：华中师范大学，2017．